アジアにこだわる
立憲主義にこだわる

近藤　昭一

八月書館

アジアにこだわる　立憲主義にこだわる　目次

はじめに

いま、私たちはどこに立脚してものを考え、何を発信しようとしているのでしょうか。その足場を確かめることが必要ではないのかと考え続けてきました。

この本は、私近藤昭一が政治家を志して中日新聞社を退社した１９９３年からいまに至る、東アジアに生きる政治家はどのような理想を抱くべきか、それは近代日本とどう関わり、私たちの未来とどうつながるかを私なりに考えた中間報告のようなものです。

いま、私たちの立脚点を問う必要を感じさせたいくつかの事柄をあげます。

一つ目は、私と同じ国会議員の発言です。

与野党の国会議員の発言で驚かされることは決して少なくありません。しかし、自民党の丸山和也参議院議員が2月17日の参院憲法審査会で「日本をアメリカの51番目の日本州に」と述べたことは驚きを超えたものでした。

丸山議員は憲法審査会の参考人にこう問いました。

「憲法上の問題でもありますけれど、ややユートピア的かもわかりませんけれども、例えば、日本がですよ、アメリカの第51番目の州になるということについてですね、憲法上どのような問題があるのかないのか」

「例えば日本がなくなることじゃなくて、アメリカの制度によれば、人口比において下院議員の数が決まるんですね。比例して。恐らく日本州というような、最大の下院議員選出州を持つと思うんです、数でね。上院は、州1個で2人。日本をいくつかの州に分けるとすると、十数人の上院議員もできるとなると、世界の中の日本というけれども、日本州の出身が、アメリカの大統領になるという可能性が出てくるようになるんですよ。ということは、世界の中心で行動できる日本という、まあ、その時は日本とは言わないんですけれども、あり得るということなんですね」

この後に、大問題となった「アメリカは黒人が大統領になっているんですよ。黒人の血を引くね。これは奴隷ですよ」という発言が出てくるのです。もちろん、この発言もとても許されるものではありません。何といっても国会という公的な場で事実に反した、しかも現役のアメリカ大統領を侮辱した発言なのですから。

しかし、ここで皆さんに注目していただきたいのは、日本をアメリカの一つの州にしてしまおうという発想です。国会議員は不逮捕特権を持ち、三省堂の『大辞林』の「選良」で「選ばれたすぐれた人物。特に、国会議員を指す」と書かれている存在です。日本国憲法の前文は「日本国民は、正当に選挙された国会における代表者を通じて行動し」とはじまります。

その242人の参議院議員の一人が、十数人のアメリカ上院議員になっても良しとするかのような発言を行い、アメリカの51番目の日本州にした場合のことを国会で質問する事態を私は真剣に、そして深刻に受けとめます。

二つ目です。アメリカの大統領選挙で共和党候補としていまトップを走るドナルド・トランプ氏の「在日米軍撤退」と「日韓核武装容認」といったこの間の発言です。

3月21日にトランプ氏は、米国がアジア太平洋地域に深く関与するのは得策ではないとの考えを示しました。日本や韓国に米軍基地を置いていることが米国にとって利益となるかどうかについて「個人的にはそうは思わない」と述べたのです。

トランプ氏は「米国はとても強く豊かな国だったが、今は貧しい国だ。債務超過国だ」と言い、多額の費用をかけてアジア太平洋地域に米軍のプレゼンスを維持するのは割に合わないと言ったのです。中国については、米国にとって経済的にも地政学的にもライバルという認識です。この後も同趣旨の発言は続き、日本と韓国の核武装容認にまで言及しています。

このような従来とは全く異なったトランプ氏の発言に対し、米国務省の報道官は「恥ずべき考え」、ホワイトハウスの報道官は「日韓による核保有はアメリカ政府の政策に反するもので、地域を不安定にする」と反論し、バラク・オバマ大統領も「世界を分かっていない」と酷評しました。

これまで日米関係、とくに日米安全保障に関しては盤石で、不変であるというのが、日本の政・財・言論界の前提でした。しかし、トランプ氏はこの前提は決して不変・不動ではないということを指摘したのです。

その根拠はアメリカの国力の低下だというのです。確かに、1991年のソ連崩壊後、「帝国」とまで表現されたアメリカ一極構造は、アフガン・イラク戦争、リーマンショックと軍事と経済の両面での失敗で、あっという間に崩れました。

その意味で、トランプ氏のこの部分でのアメリカ認識は――これまで有力者は誰も言ってこなかったことですが、真っ当な自己認識だと思います。しかし、この認識から後の対応策は全く無茶苦茶です。核軍縮も、核戦争防止のための国際体制も何もありません。オバマ大統領や世界の人びとの核廃絶や軍縮への思いと全くかけ離れたことを声高に言い、喝采を受けていることに危うさを感じています。

先にみたように自民党の丸山参議院議員は「世界の中心（アメリカ）で行動する」日本人大統領を夢みています。この認識ギャップをどう考えたらよいのでしょう。

もう一つは、わたしたちはアジアからどれくらい大きな影響を長期にわたって受けてきたか、ということとの私たち自身の自己認識の問題です。

1670年に江戸幕府が古銭禁止令を出すまで、日本で通用していた通貨は宋銭や明銭といった中国の古銭でした。通貨だけではありません。よく言われるように、文字、宗教、暦にいたるまで中国から圧倒的な影響を私たち日本は受けてきました。

司馬遼太郎さんが日本にあって中国にないものは「ハチマキ」くらいだと発言をされ、後に「ハチマキ」も中国渡来だったと訂正されていたのを思いだします。

しかし、日本は日清戦争に勝ったころから、中国人を蔑むようなメンタリティを持ってしまい、日中戦争後も、このような認識や心理を私たちは克服できずにいます。

私がこの三つを取り上げて、何が言いたいのか。

それは、私たちはアジアの一員であるということです。日本は太平洋の向こう岸にアメリカを、そして、その逆のサイドにアジア・ユーラシア大陸を背負っているという地理条件にあります。この条件を変えることはできません。大陸とアメリカの間に存在する私たちは、この両者とどのように付き合っていくか、良好で平和な関係をいかに築いていくかを考え構想することが政治家の責務だと思います。

丸山議員の考えは論外だとしても、日本をアメリカの州にしてしまえといった認識に至ったのかは何故かを考えなければならないと思います。

トランプ氏の暴論にしても同じです。日米安保が基軸だと思考停止をしてきた私たちの怠慢を問い直し、核武装などという究極の暴力に代わる、平和を実現し自由と民主の価値を共有するための構想力が求められています。

「アジアにこだわる」というところでは、このことを近代日本の歩み、政治家の言動を問いながら整理してみました。「小国本主義」というものを再評価する中で、その構想を現代に引き継ぐとどうなるかを考えてみました。

そして、一貫して私がこだわってきた平和の問題を、第二次安倍政権の発足後に露わとなった「立憲主義さえも壊そうとする」ことへの対抗、２０１５年夏の安保法制に反対する市民の皆さんの高揚と連帯の活動から、「立憲主義にこだわる」としてまとめました。

安倍政権とは何かと考える時、私は子どもの頃に使っていた脱水機のことを思い出します。当時、全自動洗濯機などというものはまだなくて、私の家の洗濯機は2槽式でした。洗濯物を隣の脱水機にかけるのですが、上手に洗濯物を入れないと、脱水機はガタガタと鳴るだけで、きちんと回ってくれません。

でも、全体にバランス良く入れると「ザァー」と回りだすのです。

いまの安倍政治は、団子のように右側にばかり洗濯物を詰め込んだ脱水機です。ガタガタと摩擦と雑音をまき散らし、地域的な安定を失い、国内はかってない格差社会となってしまい、原発や武器を売って一部の大企業だけを儲けさせようと躍起です。

70年以上かけて築いてきた日本の平和ブランドを泥まみれにし、戦争という黒雲で未来を覆おうなんてとんでもありません。

そんな怒りと、安倍政治とは異なった政治の地平を切り拓く、そんな思いで書きました。

第1章　武村正義さんの本と出会ったことから

政治家にはまだなってはいなかったのですが、私がどういう政治家になりたいか、どういう考えの政治家と一緒に行動していくべきか、そういうことがよりはっきりとしていったのは、間違いなく武村正義さんとの出会い、それは直接ではなく、武村さんの著作『小さくともキラリと光る国・日本』（１９９４年／光文社）を読んだことでした。

武村さんの本と出会った頃、私はそれまで勤めていた中日新聞社を退社し、政治家の道を暗中模索状態で探っていました。武村さんの本との出会いを、私は自分の最初の本『道は必ず開ける』（１９９８年）でこんな風に書いています。

――ちょうどこの頃、新党さきがけの武村正義代表の『小さくともキラリと光る国・日本』という本が出版されて、話題になっていました。

「さきがけ」は地方組織をもたない国会議員だけのグループという感じでしたし、総選挙前から、選挙後に細川さんの日本新党と合併することがほぼ決まっていたので、あまり自分が入るとか入らないとかという対象として考えたことはありませんでした。でも、この本を読んで、「軍事大国をめざさず、環境を大切にする、小さくてもキラリと光る国をめざす」という武村代表の考え方には大変に共鳴し、出来ればお目にかかってみたいと思うようになっていました。

そんなある日のこと。わたしの古巣である中日新聞社の主催する「中日懇話会」の講師として、武村正義代表が名古屋にいらっしゃることを知りました。私は、あわてて加藤巳一郎会長に何とか武村代表にお目にかかる機会をつくっていただけないかと相談したところ、「とにかく当日、会場に来なさい。直接は存じ上げないが、控室に入れてあげる」というお返事がいただけました。

私は自分の思いをワープロで打ったものと、その年の正月にテレビニュースの特集で紹介された五分ぐらいのビデオテープ、それから選挙用にまとめた政策提言を用意しました。

講演の前、加藤会長のおとりはからいで、五分間ほどだけ武村代表にお目にかかることができました。会長が「うちにいた男だけど選挙に出たいといって会社を辞めた。ご指導をお願いしたいと言っている」と紹介してくださいました。私は上ずった声で「よろしくお願いします」と用意した資料をお渡ししました。

するど、武村代表は秘書官の方を呼ばれて、「いつでもいいから、官邸においでなさい。その際は彼に連絡しなさい」とおっしゃって下さいました。そして、私がうれしかったのは、「君は私たちと同じ考えなんだね」と聞いて下さったことです。

まさしく、理念と政策の政治家だと感じました。——

これが武村代表との最初の出会いであり、しかも私の政治家としての基本的な構えを決めた時でした。

では、私は武村正義さんの本のどういうところに心が震えたのでしょうか。そのいくつかを『小さくともキラリと光る国・日本』から引用します。

——さて、日本の政治にいま求められているのは何だろう。私は「理想を語ること」ではないかと思っている。

日本の政治家が理想を語らなくなって久しい。戦後、日本の復興を目指した人たちは、それぞれに日本の進む道を大いに語ったものだ。政党を問わず、政治家は理想を国民に訴えた。

いつごろからだろう。政治家が理想を語るのは「青くさい」「きれいごと」と見られるようになったのは……。

私が国会議員になったのは昭和六十一年（1986年）だった。このころ、すでにそういう風潮はできあがっていた。理想を語っても、自民党の幹部は、ほんの一部の人を除いて、聞き流していた。

その二年後、リクルート事件が起こった。国民の厳しい批判を浴びたにもかかわらず、その体質が変わる気配は見られなかった。

四十年近く自民党の一党支配が続き、当選回数主義、数の論理といったシステムが固定化されていくうちに、理想を語ることは忘れ去られてしまったようだ。派閥の論理が、そうした声をつぶしていったと言ってもいいだろう。（略）

政治改革の遅れに国民の批判は集中した。私が新党結成を本格的に決意したのはこの時だ。

やがて、自民党一党支配は終焉した。

日本の政治はいま大きく変わろうとしている。いや、変えなければならない。

私はこの本で、現実を見つめ、理想に近づくための方法について考えてみた。（略）

いつまでも「青い政治家」でありたいと思っている。国政での「青い」象徴的な行動が、「新党・さきがけ」の結成であろう。高い理想、星雲の志をいだいて、「さきがけ」は前進を続けたい――

環境貢献から脱原発を

これを書いたとき、武村正義さんは60歳でした。それにしては、何と若々しい言葉と決意でしょう。「高い理想と星雲の志」を抱いた、精神の若者、武村正義さんに私は強く共感を覚えたのでした。

いま、この武村正義さんの決意を書き写しながら、その後の日本の政治プロセスとそれに関連したさまざまな思いが浮かび上がってきます。

１９９３年に世界にも例のない自民党の長期の一党支配が打破されたものの、その後の試みは決して成功したとは言えません。

非自民の細川連立政権、そして村山自社さ政権、民主党の結党と主要な「さきがけ」メンバーの合流、「政権交代」を合言葉に自公政権に挑み続け、２００９年の鳩山民主・社民・国新政権の誕生。そして２０１２年12月の総選挙での大敗。

第二次安倍政権の発足後の、戦後憲法体制を壊し、近隣諸国との緊張を高め、いわば日本国の世界への公約である専守防衛を、国民の声に耳を傾けず「立法改憲」で破っていく。今年の秋にも南スーダンで自衛隊が新しい活動、「殺し殺される」活動をはじめようとする現状を見るとき、私たちはどのような反省をし、どのようなことを学ばなければならないのか、政治家として正面から答えていく責任があると考えます。

この本は、その試みのひとつなのですが、いまから22年前、１９９４年（平成６年）の武村正義さんの高ぶった、しかし、すがすがしくも潔い決意に向き合うと、私が政治家を目指した初心を思い直すことができます。

「理想を語ること」の重要さを心に刻みたいと思います。

いま述べた武村さんの決意のほかに、二つ、大変影響を受けた部分があります。

一つは「キラリと光る」環境貢献という考えであり、私が脱原発に積極的に取り組んだのは、この環境貢献という考えの延長線にあって、私にとっては自然な選択でした。

武村さんは次のように言っていました。

――私は世界に対する日本の貢献でもっとも有効な方法として、環境貢献を考えている。そして日本の国づくりは、国のすみずみからのまちづくりの総和によって実現すべきものと思っている。そうした国際貢献、国づくり・まちづくりの基盤となる政治システムについて、いま求められているのは思い切った改革である。――

私は初当選から自分のテーマを二つの問題に特に集中してきました。今や小選挙区制度ですから、当然すべての問題に取り組まなければなりませんが、すべての問題は人権あるいは命と関連してきます。環境問題でも外交・平和の問題でも人権、命ですし、社会保障政策でもそうです。すべてが命とかかわってきます。さまざまに関連してきます。

具体的に、私は外交問題と環境問題を二つの大きな柱として取り組んできました。ですから、環境委員会に最も長く所属し、外務委員会でもちょうど高村現自民党副総裁が外務大臣だった時に、小野寺前防衛大臣が副大臣だった時に、私は野党の外務委員会の筆頭理事という仕事をさせていただきました。

私は新党さきがけから政治家をスタートさせたわけで、新党さきがけはある意味で環境政党のはしりでした。私も環境に力を入れてきました。もともと代表の武村正義さんが琵琶湖条例をつくられたりして、滋賀県で環境政策に取り組んできた、その「志」を私なりに引き継いで政治活動を行ってきたのです。

もうひとつは「小さくとも」という点です。武村正義さんはめざすべき「小さくともキラリと光る国」について、

――小さくともいいということは、とくに軍事的な意味においてである。軍事的規模を経済に合わせてどんどん大きくしていく必要はないということだ。

どんな形にせよ国の権勢を広げていこうというような、一種の覇権主義を否定したい。戦後の日本には、そんなことを考えている人はほとんどないと思われるが、アジア諸国には、第二次世界大戦の経験から、いまだに日本人の姿勢を疑問視している人々が少なくない。

日本の国土は小さい。それでよいのだ。われわれの先人もこの小さな島国で生きてきたではないか。大きくしたいとか、他国を影響下に置こうなどと考えてはならない。この小さな国で、あらん限りの知恵を絞り、立派に生きていこうではないか。

日本の憲法は、戦争を放棄し、戦力と交戦権を認めないことを定めている。この平和憲法のもとで、戦後の日本が繁栄を続けてきたのは紛れもない事実である。ところが最近になって、世界の平和を維持するために、日本もその国力に見合った軍事的貢献を果たすべきではないかという議論が起こっている。

結論から言うと、私はこの考え方はとらない。(略)

これまでは軍事的な貢献を日本国民は意識的に避けてきた。

なぜか。憲法が国外における軍事的な活動を禁止し、国民世論もそれを納得して、支持してきたからだろう。

日本の戦後半世紀の歩みは、そういうものであった。第二次世界大戦の反省の上に立ち、新しい憲法を素直に受け入れた結果である。

そうであるならば、この半世紀の国民世論が間違っている、あるいは変えなくてはならいものだとは、簡単に言い切れないであろう。

国民世論に支えられてきた日本の道、その延長線上に新しい道をつくることは、はたして不可能なのだろうか。

これまで身につけてきた着物と帯とをかなぐり捨てて、鎧兜に身を固め、銃を携えて国際社会に乗り込んでいくしか道がないのだろうか。

昨今の、世界の普通の国並みの軍事的貢献をすべきだと主張する人々の考えを聞いていると、それ以外に日本が世界に貢献する道はないかのように思える。

私は非軍事的分野こそ、世界が日本の積極的な登場を切実に期待していると考えている。この分野にこそ、何よりも鋭い眼を向け、真摯に可能性を探るべき時がきていると信ずる。

非軍事分野での日本の貢献こそ

この部分にも大いに共感しました。非軍事分野での日本の積極的な登場、それは環境面での貢献であり、教育や文化など、世界の人びとが共に生きてゆく、その条件や環境を整備していく、それまで世界が待ち望んでいた先進国としての貢献ではなかったでしょうか。戦前、侵略と植民地支配を行った近隣諸国との関係改善という面からも、実に望ましい方向だったと思います。

しかし、いまの安倍内閣の日本は、残念ながら武村正義さんが望んだ、非軍事的分野での貢献から、大きく舵を切ってひたすら軍事へとのめり込んでいます。

歴代の自民党内閣は「集団的自衛権の行使は憲法違反」という判断を積み重ねてきました。ところが安倍政権は、私的な懇談会の答申を根拠に2014年7月1日の閣議決定で、「集団的自衛権は行使できる」と180度変えてしまいました。

この閣議決定を法案のかたちにしたのが、昨年2015年の通常国会に提出された安全保障関連法案です。同法案に対し、ほとんどの憲法学者が、元最高裁判事が、元内閣法制局長官が「憲法違反」だとしました。

「海外派兵はしない」という国会決議を無視し、何十年も内閣法制局や首相が行ってきた「集団的自衛権の行使は憲法違反でできない」という国会答弁を一内閣の判断で変えてしまうことは、立憲主義に反するばかりか、「クーデター」だという批判が各界からあげられました。

国会を12万人が取り囲んだ8月30日など、同法案の廃案を求める運動は未曾有の高まりをみせました。こうした国会内外の激しい批判の中、採決そのものの存在が疑われる中、安保関連法を強行可決してしまいました。昨年、2015年9月19日未明のことです。この部分は、第8章の「立憲主義にこだわる」で詳しく触れるつもりです。

海外で戦争をする国へ、「殺し殺される」自衛隊へ、だけではありません。

まず、長い間横這いないし、マイナスだった防衛予算（軍事費）は安倍内閣の下、5兆円を突破、社会保障や子育て、教育へ向けられるべき税金が軍事費へと注ぎ込まれてしまっています。

いわば国是であった「武器輸出三原則」さえ破ってしまい、安倍政権はオーストラリアへの潜水艦の輸出へ血眼となったものの、結局フランスに決まりました。また、大学への軍事研究の協力態勢づくりも、いわば研究費を名目に正当化して急ピッチで進められています。

いまや、国際的な軍事貢献という一点だけの問題ではありません。日本の非軍事的な社会・経済・教育の構造が軍事的なものへと力づくで変えられようとしているのです。ここに、安倍政権の本当の怖さ、歴史的な問題があると私は考えています。

そして、直接の軍事とはいえないかもしれませんが、安倍政権は３・11を教訓化することなく、原子力発電の輸出に血眼になっています。原子力発電事故の危険性を輸出するというだけではありません。ベルギーで32人の命を奪ったテロリストが、原発を襲撃する計画をもっていたと伝えられるように、原子力発電所そのものが、いまや最も危険なテロのターゲットとなってきています。

このような安倍政権の軍事傾斜路線はしかし、戦後保守政治の流れの中で決して本流ではありません。日本の保守政治はもっと幅が広く、懐も深く、近隣諸国のことも理解しようとしてきたのです。

いわば、武村代表の「さきがけ」という政治グループはそういう良識ある保守派だったと私は思います。そうして、昨今の日本政治の危うさ、一言に縮めると「安倍政治の暴走」ということになりますが、そうしたバランスの悪さ、危険性は、「さきがけ」のような理想・理念を持った政治家・政治グループの不在にあるのではないかと私には思われてなりません。

安保法制反対を表明したのは一議員だけ

例えば、クーデターとまで言われる手法による戦後安全保障の大転換に対して、はっきりと「ノー」と表明した自民党国会議員は村上誠一郎衆議院議員唯一人でした。
２０１４年7月1日の集団的自衛権容認の閣議決定に先立つ6月27日に、村上誠一郎衆議院議員は日本外国特派員協会で反対の意見表明を行い、２０１５年5月12日の自民党総務会での挙手採決で一人退席していました。
２０１５年6月30日、日本外国特派員協会で再び会見し、次のように安全保障法制反対の理由を次のように語りました。

「〝平和主義〟と〝主権在民〟と〝基本的人権〟はいついかなる時代においても、いついかなる場合においても決して変更してはならないことだと、私は確信しております。」と涙を浮かべ訴え、自民党執行部の方針に反する行動を取る自身への批判については、「弁護士や代議士の「士」という字には、〝サムライ〟という意味があります。これは個人の問題ではないんです。」

ここで村上議員が言う「平和主義と主権在民、基本的人権はいつ、いかなる時にでも変更してはならない」という言葉の重みを、私たち政治家はしっかりと受け止めなくてはなりません。

いまの安倍政権が行っているのは、自民党内民主主義の封殺です。平和主義をかなぐり捨て、公認取り消しをちらつかせる恫喝的手法で党内の自由な議論を封じ込め、マスコミへの圧力で、自由な報道、自由な言論を許さないようにしているからです。

保守政治に良識派という空間がほとんど存在しなくなっています。

自民党の国会議員が党執行部であろうと、政権であろうと「良心に反することはできない」という極めてシンプルなことが言えず、出来なくなっている状態です。これこそが、保守の変質のポイントであり、バランスを欠き、安定性のなくなった日本にしている大きな原因だと私は考えます。

ですから私はこの後、自民党内にかつて存在した少数ではあるが、良心的な政治家について少し言及したいと思っています。

私が政治家としての基本を武村正義さんの『小さくともキラリと光る国・日本』に共感し、そこから学んだことは少し分かっていただけたかと思います。

では、実際に私はどんな経過で「さきがけ」に入っていったか、これも先の『道は必ず開ける』から説明します。先の引用部の続きです。

「さきがけ」に入った経過

――さっそく、翌週に電話でアポイントをとらせていただいて、首相官邸に武村代表（当時＝細川内閣官房長官）を訪ねました。

ご多忙で、当日は十分間ほどしかお話しできませんでしたが、足りない部分は秘書官の方がじっくりと私の話を聞いて下さいました。またこの時、官房副長官であった鳩山由紀夫さんが、武村さんをちょうど部屋に訪ねてみえて、「彼、今度の選挙、うちからやりたいんだって。よろしく頼むよ」と紹介されました。

今でも、その時の名刺を大切にお守り代わりに持っています。

秘書官の方が、「今後のことは、田中秀征さんか、佐藤謙一郎さんに相談しなさい。今日、会えたら会って行った方がいい」ということですぐ電話を入れてくださったのですが、残念ながらお二人ともつかまらず、日を改めて出直すことになりました。

何か夢のような一日でした。うまくいくかどうかはわからないが、人を介してではなく、直接自分で思いをぶつけてるんだという充実感にあふれていました。――

ちょっと高ぶりすぎている自分をこうしてさらけ出すのは、気恥ずかしいのですが、短時間ではあっても、武村正義官房長官、鳩山由紀夫副官房長官に官邸でお会いすることができて、何かこう手ごたえを感じ、自分の内部に力がみなぎってくるような一日だったのは確かです。

その後、私は「さきがけ」愛知で活動をすることになり、私の父・近藤昭夫が「さきがけ」の公認候補として名古屋市議選に立候補（現職）して、当選するといったことがありました。しかし、ここでは、そうしたプロセスはカットさせていただき、私が武村正義新党さきがけ代表に最初にお会いした際に提出した「二十一世紀へ向けてのヴィジョン・政策――変える勇気・変わる勇気――」から、これを作成した1993年12月当時の政治家たらんとした私の考えの一端を知っていただきたいと思います。

1993年の私のヴィジョン・政策

「序にかえて」の部分で、私のめざす政治家像を以下のように書いています。

――今後の日本の政治は、政権交替の緊張感の中で、開かれた、国民にわかりやすい政治を目指していかなければならないでしょう。そのためには、多様化する価値観を反映するそれぞれの党や政治家が自らの政策を提案し、公開された場で討論し、国の進むべき道を決めていかなくてはならないと思います。

日本の国会議員の約7割が、二世・元官僚・元地方議員・元政治家秘書で占められていま す。これは「地盤・看板・カバン」のある、票を集められる候補者しか当選できないという ことのあらわれでもあります。

この状態が今後もずっと続いていくのは、日本にとって非常なマイナスであると思います。 政治の最大の任務が「国家としての意思を決定すること」であるとするならば、その〝能力〟と〝政策〟をきちんと持った人物が「地盤・看板・カバン」などというものにとらわれず、選挙という公正な手続きによって選ばれ、その任に着くべきだと考えます。

私は、つい先頃まで普通のサラリーマンでした。私のめざすのは、普通の感覚をいつまでも忘れない、それでいて、心に秘めた情熱とプロとしての自覚を持った「本物の政治家」です。――

これを書き写しながら、普通の感覚をいつまでも忘れない、心に秘めた情熱とプロとしての自覚を持った「本物の政治家」たりえたかどうか、自己評価はとても難しいところですが、政治家としての日々の活動で、ここに記したことは決して忘れたことはないということだけは言えます。

個別的な政策をいくつかピックアップしてみます。23年前の提案ですが、古びていない政策もあります（ということは、それらの課題が解決されていない、あるいは悪化しているという、とてもさみしい現実でもあるわけですが）。

［労働環境の監視強化］

制度として整っていても実際の労働条件となるとまだまだ改善の余地が多くあります。そこで労働時間年１８００時間の実施、ドイツの３分の１以下という有給休暇の消化率の向上、労働衛生、労働安全などの労働基準法を遵守しているのか、定期健康診断をおこなっているかどうかなどの監視を強化し、強制力をもつ改善勧告ができるようにします。

—現時点からの私・近藤のコメント

労働環境ほど劣化しているものはありません。何よりパートや派遣の非正規労働が２０１5年11月、初めて4割を超す40・５％に達し、格差と貧困の温床となっている現実があります。自民党政権は最初特定の業種に非正規の穴を開け、それを多くの業種へと押し広げました。「生涯非正規」の改悪が先の国会で行われました。また、労働安全は、今年1月のスキーバスの痛ましい事故、先日のトンネル事故でのドライバーの人たちの長時間労働や健康管理の杜撰さで明らかなように、こちらも悪化しています。２０１5年4月に「残業代ゼロ法案」を自公政権が閣議決定したように、制度自体も改悪されようとしています。

【女性労働環境の向上】

人類の半分は女性であり、この国の半分は女性が支えているにもかかわらず、いまだに女性が男性と対等に働ける環境の整備、女性の意見が積極的に取り入れられるシステムの整備が不十分です。そこで産休、育児休暇、子育てが一段落してからの復職システム（トレーニングセンターの設置）や育児施設（ディケアサービスも含む）の充実を急ぎ、次にこうした制度、施設の円満な運営を図るため、女性の意見や要望を取り入れ、改善を勧告する機関を設置します。

根本的に「女性の生きがい」「女性の果たす役割」を考え直す時が来たと思います。

—現時点の私・近藤のコメント

今国会で「保育所落ちた日本死ね！」という母親のツィートが大きな政治問題になったことで明らかなように、働く親に対応する育児施設は全く不十分です。

安倍内閣は「女性が輝く社会」と言いますが、言葉だけで内実はまったくともないません。女性の地位は世界で１４５か国中１０１位（２０１５年）。しかも、「日本会議」などが家族の役割を強調する中、女性たちの社会的進出と責任ある役割の増大を阻む政治パワーとなっています。

［医療・福祉の充実］

国民の高齢化が急速に進む中、ゆとりのある入院生活と質の高い看護の重要性が求められています。老人専用の病院あるいは療養型の病院を、家族とあまり離れていない都市の中心からおおよそ30分以内のところに多く作り、希望する人すべてが入れるだけの数の充実を図ります。老人の在宅介護については、ホームヘルパー、ショートスティ、デイサービスの充実に努めます。このためには、国の力だけではなく、民間の力を積極的に活用しますが、介護内容の満たすべき基準の明確化を行います。

—現時点の私・近藤のコメント

いま、お年寄りが病院に長期入院することはとても難しくなりました。そして、特別養護老人ホームの２０１４年の待機者は52万３０００人で、入りたくても入れない人が増えています。

上記を書いた7年後の２０００年、「介護の社会化」を掲げて介護保険制度がスタートしました。自社さ政権の時です。現在、これを利用する方々は５００万を越え（２０１３年）、高齢化社会を支える大きな柱・システムとなっています。でも、財政難を理由として制度の後退が生まれていて、２０１５年改正で要支援1、２のホームヘルプとデイサービスを給付からはずしました。また、平均を大きく下回る賃金のため、介護労働者の離職はとても多く、介護のための離職者が企業や労働現場への負担となっています。

「企業が」でなく「人が活動しやすい国」に

以上の三点に共通するのは、労働や福祉など人が人として生き、生を全うすることに国のお金が使われていない、ということです

例えば生活保護費は安倍政権下でどうなったでしょう。

２０１３年から食費・水光熱費などに充てる「生活扶助費」を3年間で６７０億円カット、年末年始に支給される「期末一時扶助」を70億円削り、２０１５年からは「住宅扶助費」を3年間で１９０億円削減。光熱費の増加に対応する「冬季加算」も30億円減額されました。

安倍首相は「世界一企業が活動しやすい日本に」と言います。

違うでしょう。「人が活動しやすい日本に」すべきです。

企業は大切です。でも、企業というのは決して目的ではありません。経済は人間が人間らしく暮らす、その手段です。この転倒がさまざまな政策に現れています。例えば儲かってい

る大企業には法人減税をする一方で、赤字の中小企業には外形標準課税を強化しているのです。企業がどんなに儲けようと、それが税として国庫に入り、さまざまな弱者や社会保障へと再分配されていない限り、社会は成り立ちません。

強く大きなものには甘く、弱く小さなものには辛い、こんな政治があるでしょうか。

そして、その結果として広がる一方の格差。アメリカに肩を並べそうなくらいに増大した「子どもの貧困」。

税をきちんと捕捉すること。そして税金逃れを許さないこと。こうしたシステムを世界的に構築することがいま、必要です。「パナマ文書」が、大きな話題となっていますが、税避難（タックス・ヘイブン）に対しても新しい基準が作られなければなりません。富んだ人や企業が巨額のお金を税金逃れのために免税を認める地域へ避難させることの問題点を説明すべきです。アイスランドの首相が辞任せざるを得ない中、日本政府は「パナマ文書を調査せず」との信じがたい方針をとっています。企業減税など、大企業に甘い安倍政権の不公平な対応を改めなければなりません。

最近、SEALDs（自由と民主主義のための学生緊急行動）の若者が行うコールで、「暮らしに税金使え」「生活保護に税金使え」「学費を下げろ」といった言葉が叫ばれています。大企業だけを優遇するような、バランスを欠いた税制を抜本的に変換すること、税のがれをさせないこと、そして国の予算を「国民の暮らし」へと大胆に組み替えることが緊急に必要だと思います。

この23年前の私の政策でどうしても触れておきたいのが、もう一つ、次の「国際協調についての研究機関の設置」ということです。

［国際協調についての研究機関の設置］

21世紀に向かい諸外国とりわけアジア地域を中心として、世界平和のために積極的な役割を果たして行く決意をする必要があります。このため、他国からのスタッフも運営に加えた研究機関の設置をします。

この機関は長期的な日本の国際協調理念の策定、具体的な政策などの提案を行うための研究を行いますが、その過程で他国からのスタッフとの意見交換を重視します。

また、同機関は国際交流センターを併設し、短期（1〜2年）の研修生を海外および国内から受け入れ、相互文化理解、先進技術交流、政治・経済・環境等の諸問題についての意見交換による交流を行います。

つまり、この機関の目的は①普遍的な日本の国際協調理念を他国の人びととの意見交換も通して策定する②国際社会の中で日本の理念・政策を実現していくため、将来、自国で指導的立場に立つ人材を受け入れ、日本に対する理解を深めてもらうということなのです。

―現時点の私・近藤のコメント

「アジア地域を中心として世界平和のために積極的な役割を果たす」ための研究機関は残念ながらつくることができていません。もし、こうした研究機関ができ、研究・活動の積み重ねがあれば、日中、日韓、日朝などでいまとは違う関係がつくれたのではないか、アジアの民主化と友好に役立ったはずだと思います。

しかし、私は決してあきらめません。さまざまなレベルでの交流と意見交換を続け、共通の土俵、認識を可能な限り拡大していきたいと考えています。その辺については、この後、詳しく述べるつもりです。

なお、武村正義さんには私が代表に就任した超党派の議員連盟「立憲フォーラム」の結成のときに、ゲストとして出席していただき、お話ししていただきました。2013年4月25日のことです。立憲フォーラムについても後に詳しく触れるつもりです。

第2章　私の中国体験、アジアへの認識

高校一年の夏休み、ロスで学ぶ

私がアジアを強く意識したのは、高校生の時にアメリカを訪れた時でした。父は海外体験をなるべく早くにした方が良いと思っていたのでしょう。1974年、私が高校一年の時に夏休みを利用して、名古屋と姉妹都市であるロサンジェルスに行く機会をつくってくれました。

その時に初めてつくったパスポートに私は驚きました。そこには、This passport is valid for all countries and areas besides North Korea　と記載されていました（いまは書かれていません）。こんな平和な時代に、このパスポートで行くことができない国があるのか、とショックを受けました。ただ、その背景を調べるようなことはしなかったのですけれど。

当日、いまは亡き父が羽田空港まで私を見送りに来てくれました。雨の降る日でした。私の方は割りと淡々としていて、搭乗のために通路を歩いていた時に、大きな声で「昭ぼう

っ！」という大きな声が聞こえました。父でした。一瞬、「恥ずかしいからそんな大きな声で呼ばないでよ！」という気持ちがよぎったのですが、父の顔を見て、何も言えませんでした。アメリカについた夜、どういうわけか涙がとまらなかったのですが、「短い時間だけれど、精一杯色んなものを見て、しっかり英語も身につけよう」と誓いました。

ロスでは当初、父が学生時代に東京で書生をさせていただいたご一家にお世話になり、その後は英語の勉強にとウクライナ出身のアメリカ人の家庭にごやっかいになりました。ご夫婦は第二次世界大戦中、ナチスの迫害にあい、ロシアからアメリカへ逃げてこられたそうで、ドイツ兵に蹴られたという傷跡を見せてもらいました。

この時がおそらく、私が世界というもの、その歴史ということに触れた最初だったのでしょうが、何せ高校一年生です。サマースクールで同世代の子どもたちと遊ぶので頭がいっぱいでした。。

ただ、16歳の私が印象に残ったのは「日本というのは、アメリカの後追いばかりしているところがあるな」というものです。私が向こうで感心したファミリーレストランとか、大きなスーパーマーケットは、その後日本で広く普及しましたし、店のつくりなんかもとっても似ているというか真似ているわけです。

こうして、わりと早くに外国へ行かせてもらったことは、日本と他の国と比較をしたり、日本が時代によって変化していくのを感じるのに、大変役立ったと思います。高校一年の時のロス短期滞在のあと、私は大学生の時に中国に留学します。その体験は少し長く書かせていただきました。

北京への留学、そこで体験したこと

大学三年を終了した１９８１年９月、私は中国に留学しました。なぜ、中国に留学したのか、いくつか理由があります。もともと、外国という日本と異なる生活様式の中で暮らしてみたいと思っていました。さらに、社会主義という全く異なる政治体制の国である中国は魅力的でした。

日中の国交正常化が実現したのは、中学生の頃でしたが、これを記念した中国の物産展（と記憶しています）が、全国各地で開かれ、名古屋でも開かれていました。そこで販売された「折畳みのはさみ」と「生のザーサイの塊」はものすごい人気を博し、それがなぜか中国に対する私の親しみのようなものを生んでいました。

また、１９７８年12月21日、名古屋市は中国南京市と友好都市提携を結びましたが、私の父は名古屋市の訪問団の顧問として南京市を訪問し、同市の劇場で友好交流の一貫として日本舞踊を披露しました。父は、「中国の友人は本当によくしてくれる。いい友達がたくさん出来た」と楽しい思い出を沢山つくって帰ってきました。

そんな中で、私の留学先は中国に決まっていきました。

ただ、当時はどうしたら中国に行けるかの情報は私の周辺には全くなく、父を通じて東京の中国大使館に申請をし、1年ほどかかりましたが、入学が認められました。

その後、北京に来ていた学生の多くが、日中学院等の語学専門学校か、あるいは東京外語大学の中国語学科等の組織を通じての留学と知りました。また、企業派遣の方も多く、半数ほどの方がそうだったのではないかと記憶しています。

私の留学先は北京語言学院というところで、中国では総合大学を大学と呼び、単科大学を学院と呼んでいました。

初めて、北京空港に降り立った日のことは今も鮮明に覚えています。父の友人である顧士元さんという方、この方は、名古屋市栄の久屋大通公園にある南京市から友好の印として贈られた記念碑である「華表」を制作した北京の芸術工場の方で、それを設置した方なのです。

南京から贈られた作品ですが、造られたのは北京の工場でした。その設置責任者として名古屋に来ていた顧さんと父は懇意になり、手紙で知らせた便名を頼りに、顧さんは私を空港まで迎えに来てくださったのです。これが、どれだけ私を安心させてくれたことか。

知らない国、まして政治体制の異なる国、当時で言えば、まだどんな生活をしておられるのか日本では十分な情報がない時代でした。実は留学する前にいったい何を準備していったらいいのかものすごい不安を持っていたのです。それは、着るものにはじまり、医薬品、歯磨きや洗剤にまで及んでいました。

顧さんは車で迎えに来てくださっており、学校までの道すがら、何かしゃべらなければと、覚えている単語を引っ張りだし、「これは、あなたの車ですか?」などと聞いてしまい、顧さんに大笑いされて「中国に個人の車はない。これは工場の車で、運転手は同僚だ」(その時、実は、何を言っておられるのか理解できていませんでした)と言われました。

もともと半年の予定の留学でした。ご承知の通り、外国の多くの国では大学は九月に始まります。中国での取得単位を大学の単位として認めてはいなかった母校の上智大学ですから、完全な休学をして行くしかありませんでした。ですから、大学を一旦休学し、九月から始まる北京語言学院へは半年間行って帰る予定でした。

ところが、予想以上に中国の留学は居心地がよく、大学の休学期間をさらに1年伸ばし、1981年9月から1983年3月までの1年半を北京で過ごすことになりました。

中国では留学生を大切にしてくれました。当時の中国では、外国人は列車などを利用する時は一等（グリーン）に乗らなければならなかったのですが、私たちは中国の人たちと同じ二等（普通席）に乗ることができ、料金も同じでした。また、ホテルも学生料金というのがありました。

顧さんには、本当によくしていただきました。

当時は、文化大革命の終結宣言から4年しか経っておらず、まだ外国人と付き合うことを警戒する人が多い中、私を家に招待してくださったり、泊まりに行ったこともあります。

その頃は、現在のような経済状況ではなく、四合院という中国伝統の様式の建物、本来なら一家族が住む建物を何家族かに分けて住んでいました。そのため、各家庭にトイレが備わっておらず、日帰りで遊びに行く時はいいのですが、大きい方に一回は行くだろう泊まりは大変でした。

誰もいないことを確かめた後に、公衆便所に入るのですが、その間に、人が入ってきた時は本当に大変でした。日本のような金隠しのあるわけでなく、大きな部屋にただ穴が開いているだけという様式ですから、向かいに人が座ろうものなら、相手のあそこが丸見えで、かつ、相手は、私が外国人だとわかると（外国人は履いている靴とか、来ている衣服ですぐわかる）、どんな下着を着けているのか等興味を持たれるのか、じろじろと見られて、本当に恥ずかしかったです。

中国語では、よく一度会うとすぐに「老朋友」（古くからの友人）と呼ばれて戸惑う人も多いと思いますが、これはこれで、社交的なところがあり、本当の親友には別の呼び名があります。

実は、私もこの言葉を聞いたのは一度きりで、人から教えられて実は半信半疑でいたのを、この顧さんから言われて感激したのです。それは「自己人（ツージーレン）」という言葉で、まあ、想像するに「あなたは私だ」ということかと思っています。

それほど、顧さん一家とは親交が深く、息子さん、お孫さんと二代にわたる日本留学の際の保証人に父がなっていました。もちろん、今も私が北京に行けば、必ずホテルに会いに来てくださり、お土産まで持たせてくださいます。

たまに食事をご馳走してくださる時は、かつては想像できないようなお店の個室でご馳走してくださいます。ちなみに、私が留学していた頃は、個人のお店はありませんので、北京飯店のような国営のホテルに週末出掛けていっては、中華料理を食べていました。

日本料理が食べたくても、北京飯店のレストランの奥に一部屋だけ、日本料理を出す場所があっただけでした。なぜか、すき焼きだけのメニューで、それをたまに食べるのが楽しみでした。ちなみに、当時の中国の人からすれば、こうした料理一回が月給にも匹敵する値段だったと思います。

中国に留学している時に、強く「平和」を意識する出来事にぶつかりました。

中国には同じ社会主義の国である北朝鮮の留学生も来ていました。彼らは決して単独で我々外国人と会うことはありませんでしたが、それでも、仲間と何人かで話をしたこともありました。団体でしか行動しないことに違和感はありましたが、そこで接する彼らは真面目な人たちでした。

また、北京語言学院の校庭である時、不思議な光景に出会いました。それは、ＰＬＯ（パレスチナ解放機構）の人たちだったと思うのですが、中東情勢が不安定になり、戦争のために本国に呼び戻される学生の壮行会でした。

正直、頭をガツンと殴られた気がしました。同じ学校で学んで来た学生が、もしかしたら、殺される（殺す）戦場に赴くなどということは想像だに、していませんでした。

「平和ボケ」という言葉が時に使われます。私は日本人が戦後ずっと平和の中で生きてきたこと、戦争を意識しなかったことを否定的になど考えません。しかし、やはり、世界で起こっていることに対する認識が足りないという意味ではその通りであり、世界をもっと知る必要があるのだと思いました。決して世界はまだ平和ではなかったのです。

私は１年半の北京でこんな体験をし、友人たちと自由に往来し、平和に生きる世界のために何かしたいと漠然とですが思いながら帰国したのです。

宮崎市定「東洋史の上の日本」を読む

帰国して、私は日本と中国、日本とアジアの関係を理解するとはどういうことかを考えはじめました。その頃に出会ったのがアジア史家である宮崎市定京都大学教授の著作でした。小論文でしたが１９５８年に発表された「東洋史の上の日本」には特に教えられるところが大でした。世界史的な視野をいつも忘れないその考え、歴史的な整理のポイントを引きます。

――（明治維新にふれ）私がこれまで取ってきた態度では、日本だけを切り離して孤立させ、その内なる動きだけで日本の歴史を説明しようとするのは、そもそも無理なことなのである。殊に幕末期のような世界的な激変期において、強力なヨーロッパの産業革命文化の波が押し寄せてくる時代において、日本で日本を説明しようとするのは、動いている汽車の中に地震計を据えつけて地震を計ろうとするようなものである。

いったい内とか外とか言うのは元来比較的、相対的なもので決して絶対的な分ちかたではない。京都を一つのものと見れば、西陣は内で大阪は外である。日本を一つのものと見れば、京都も大阪も内で、中国は外である。東アジアを一つのものと見れば、日本も中国も内で、ヨーロッパは外である。地球を一つのものと見れば、アジアもヨーロッパも内であって、火星は外である。こういう相対的な内外であることを忘れて、絶対的な内外の区分を立て、ひたすら内なる力で社会の発展を説明しようというのが近頃の困った流行になっている。もちろん私は、いわゆる内なる力を無視しようというのではない。ただ私はいわゆる内なる力と、いわゆる外なる力を公平に見くらべて、その強さに従って価値を認めたいのである。歴史の上では力ほど客観的に計られるものは他にない。私の客観史学はある意味から言えば、歴史の力学と言ってよいのである。(略)

阿片戦争はもちろん、アロー号事件、太平天国から辛亥《しんがい》革命に至るまで、中国の歴史はほとんど外力によって左右されている。その際独り日本だけが、内なる力に頼って行動し得たであろうか。もしそう考え得られるならば、それは従来の歴史が間違って書かれていたに違いないのだ。——

と宮崎市定さんは、国際関係を抜きにした日本の独りよがりを戒めます。そして続けて、

——明治維新以来の日本の歴史が、順風に帆をあげたように着々実績を挙げることができたのは、それがヨーロッパ諸国の利益と一致したからだ。ヨーロッパ諸国はアジアの最も便利な地点において、安心して利用できる基地がほしかったのだ。ヨーロッパ列強が植民地化して利益をあげうる最大の目的物は中国である。この中国を制するには日本に足場を設け、

日本人を利用するのが一番捷径（しょうけい―ちかみち）である。日本は巧みにこの潮流に乗ったわけだ。ここに日本独特の追随外交が始まったのである。明治の官僚は人民に対しては横柄に威張ったものである。だから一般人民は、あんなに威張る官員が、外国人の前へ出てペコペコ頭を下げようとは夢にも考えなかった。そして歴史が間違って書かれてしまったのだった。――

冷静な分析だと思います。しかし、日本独特の追随外交の根がいかに深いか。戦前のヨーロッパ列強の代わりに、戦後のアメリカを置いてみると、その基本構造が何ら変わらずに続いていることを知らされて茫然としてしまいます。

――明治維新政府が外界の大きな潮流に対して順応する政策をとったのは、自己の無力を自覚した結果だとも言える。ところが日本よりも大きな実力をもった中国は、ともすれば自己の力を過信して、蟷螂《とうろう》の斧をもって竜車に刃向かおうとする愚をあえてした。たびたび排外運動や、対外戦争がその結果として起ったが、そのたびに外力の重圧が苛酷にのしかかってきた。この際、欧米列強のお先棒をかつぐ役目を勤めたのが日本であり、それも一度や二度のことではない。中には日本がそれと自覚しないで、大きな役割を果たしたこともある。

アロー号戦争に際して、英・仏連合軍が北京進撃に用いた輜重《しちょう》運搬の馬匹《ばひつ》は、幕府の許可を受けて日本民間から買い取った。もしもこの千頭以上の馬匹がなかったなら、英・仏連合軍の北京進撃は恐らく実現困難だったであろうと言う。これは明治維新よりも八年前（一八六〇年）の事実であるが、この際の英・仏の態度こそ、日本の明治維新及びそれ以降の動向を決定したものと言える。

明治維新がもつ性格の一つは、それは強い外力に操られながら達成した革命でありながら、内部に向かっては独裁的専制的であった点にある。だから当時、官尊民卑という言葉が流行った。この独裁的な政治は、先進国に急いで追いつかねばならぬ当時としては已《や》むを得ぬ必要悪であったかも知れない。しかし一度始まると独裁政治はなかなかやめられぬものである。それが昂じて遂に今度の戦争に突入するようになったのは大きな不幸であった。——

日本と中国の違いと同時に、明治維新後の日本政府の独裁的専制的な政治のもたらした不幸を指摘します。ここで、宮崎市定さんのことを少し書いておきます。20世紀が始まった１９０１年に生まれた方ですから、ご存じない方も多いかも知れません。松本高校から京都帝大の文学部史学科に進み、卒業後は日本が敗戦する１９４５年夏までの20年間、旧制の第六高校と第三高校の教授、京都帝大の助教授、教授をつとめますが、その間、陸軍輜重兵の少尉として1932年の上海事変、45年の第二次大戦末期と二度出征しています。

その間、フランス留学中に西アジア各地を歩き「史上における西アジアの先進性を確信」、また、古代の春秋時代にギリシャのポリスのような城郭都市生活が中国で営まれたことを初めて指摘しています。戦後は東洋史研究会の第二代会長、学士院賞を受け、パリ、ハーバード、ハンブルグ、ルールなどの客員教授。1989年に文化功労者、95年に亡くなった学者です。

軍隊を経験し、世界的視野でアジアと日本の関係を明かしてくれるこの碩学の知恵をもう少し一緒に読んでみましょう。

――結局、ヨーロッパ諸国は中国を食い物にするために日本を利用し、保護する必要があった。日本がそれに歩調を合わせて行くうちに、日本の資本主義化が進行したのである。文化も開け、学問も盛んになった。（略）

この直訳文化は日本から、その西隣の朝鮮、中国に向って新しい流れを造ったのである。だからこれを世界の動きの上から見ると、最近世の日本の文化はヨーロッパのものをアジアに移す、中継文化、支局文化とも言うべきものだったのである。（略）

仕方がないから本局の種をそのまま借りて中継局で満足したわけだが、中継局には中継局の心安さがあるかわり、そこに必然的に起こってくるのは本局に対する深刻なコンプレックスだ。このコンプレックスを埋め合わせるために、今度はなんと、アジア諸地方の聴取者に対する馬鹿馬鹿しい優越感だ。同じアジアの中におりながらアジア人を軽蔑し、あわせてアジアを研究する者までをいささか軽蔑したものだ。中国も昔は偉かったんだが今は野蛮国ではありませんか、西アジアなんて一体文化があるんですか、と言った調子だ。

しかしコンプレックスは、仕方のないものであるにもせよ、結局は不愉快きわまるものだ。その不満の堆積《たいせき》が第二次世界大戦で爆発したから、さア今度は大変だ。日本人はみなが神の選民になってしまった。一方には世界史は皇威発揚の歴史で、世界に価値ある文化はすべて日本を源泉として四方にひろまったかと言い出すかと思うと、一方ではさすがに日本だけが文化を独占するに気が引けたか、日本とドイツとイタリアは、ロシアやイギリスと異なって、根本的に種のすぐれた優秀民族だということを証明しろと、参謀本部の将校が真面目顔して研究室へ押しかけてくる始末だ。そしてこういう種類の言論が、日本を代表する新聞や雑誌の上に臆面もなく幅をきかせたものである。

もちろん戦時中の日本の高慢の鼻は、敗戦で一度にペシャンコになった。――

宮崎市定さんは、日本が文化の中継地であり、直訳した西欧文化を朝鮮、中国へと伝達する一方、日本人は欧米へのコンプレックスの裏返しとしてアジア蔑視を行ってバランスをとったと言います。歴史の力学は、太平洋からヨーロッパから一方的なベクトルとして東アジアに作用し、その反作用としてアジアを踏みつけに、犠牲にすると言い換えてもよいかと思います。

しかし、私たちの歴史はこの道しかなかったのでしょうか。

そして、対アメリカの関係だけに比重がかかる、アメリカだけに顔を向けるのではなく、大陸へと顔を向け、対アジアの関係に重きをおき、共に歩む道をつくることはできないのでしょうか。

いや、あるに違いないと私は思うのです。

そのために、アジア関係を重視した先達の政治家の方の歩みをフォローしたいと思います。その前に、私が政治家になろうと思ったのは中国を訪れた時のある中国政治家との出会いだったことを書いておきます。

中国出張の時に政治家になろうと思い立つ

私は1993年1月末日付けで、当時勤めていた中日新聞社を退社しました。9年足らずの在籍でした。実は、入社試験で最終面接を受けた時に、役員の方から受けた二つの質問を鮮明に覚えています。一つは「あなたが、NHKと最終面接の日が重なって中日新聞を選んだのは、受かりやすいと思ったからか？」、もう一つは「あなたのお父さんは、市議会議員をしているが、将来政治家になることはないのか？」という質問でした。

当時は、希望した中日新聞社を辞めて、政治の世界に入るなどというのは、自分自身、想像だにしませんでした。

会社を離れる前年の秋、日中国交正常化20周年の際、私は、当時の加藤巳一郎中日新聞社会長のお供で中国に出張しました。北京での公式滞在の1週間と、その後の東北地方への会長視察の合計2週間でした。

まさか、この出張が私のその後に大きな影響をもたらすとは想像外のことでした。当初この出張は嫌で嫌でならなかったのです。

加藤会長は「販売の神様」とも言われ、当時の読売新聞による名古屋進出の攻勢を押し返したとして、担当の異なる私にも、その敏腕は聞こえてくるところでした。重要な会議では、眠っているようでいて、突然、数字の間違いなどを大変な勢いで指摘するということでした。ただ、幸いなこと当時の加藤会長の秘書役は私の同期のM君が勤めていて、できる限り彼にアドバイスをもらっていました。

しかし、結果的には加藤会長との2週間は大変に楽しく、その後の私の人生を変える重大なものとなりました。日中国交正常化20周年記念の行事が人民大会堂で開かれましたが、出席された加藤会長の横にいた私は、当時の江沢民中国国家首席にお目にかかったのです。というか、横にいて会長が面談されるのを見ていたのです。

その時、私は唐突に「こうした国を代表する人たちと対等にわたりあいたい。日本の良さをアピールしたい！」と思いました。「これからはアジアの時代であり、格別に中国は大きく発展し、この国との関係をどうしていくかは日本の今後にとって極めて重要だ。中国に留学した経験を政治の世界で活かしたい」と思ったのです。

北京での公式行事の後、加藤会長が以前から訪れたいと思っておられた東北地方（日本が「満州国」を打ち立てた場所）を訪問しました。加藤会長にとって、この地は、戦前に同級生たちが思いを馳せ、夢をもって渡った場所である所である一方で、戦争というものが多くの人びとの犠牲を強いていった場所でもあるということへの思いが交錯するところであったのだと思います。

帰国後しばらくして、私は、父に「政治家になりたい、選挙に出たい。そのために会社を辞めたい」と相談することになります。

私は、父の影響を強く受けました。父から「社会の公正のために働け」と教えられました。しかし、父を見ていて、選挙だけはやりたくないと思っていました。今でこそ随分変わってきましたが、選挙は「地盤」「看板」「カバン」の世界で、必ずしも日頃の活動が正当に評価されるものではないと思っていました。

とにかくにこやかに挨拶することが期待され、近所の人に挨拶し忘れた時など、父に「お前の息子は私に挨拶もしない」と苦情を言われる方もおられました。また、選挙が近づくと、近所の人や同級生にまで「お前のところは税金で食べている。生意気だ」などという言葉を投げつけられました。ですから、私は、新聞社に入って新聞を通して公正のために働きたいと思ったのでした。

しかし、1993年当時、日本はかつてのような経済成長の時代ではなくなり、少子化高齢化の時代を迎え始めていただけではなく、国と地方の借金は700兆円にも上ると言われていた頃でした。そして、そうした中、教育や社会保障に配分される予算は少なく、高度経済成長時代には見えなかった格差というものが大きくなり始めていたのでした。

父がめざし、一定程度実現されていた社会の公平さが再び崩れ出していたのでした。また、中学時代、高校時代に経験したアジアの人びととの真の相互理解はまだ完成されていないと思いました。

もちろん、中国出張が引き金になったのですが、その頃、日本新党や新党さきがけ等の新党が設立され、既存政党ではなく新しい政治勢力が必要だという世論が、私の心を突き動かしており、やはり政治の世界を変えるために頑張りたいと思うようになっていました。

それから、武村正義新党さきがけ代表にお会いし、政治家をめざした私の思いは先に書いた通りです。

第3章　小国主義、憲法への水脈

小国主義という選択

私が大きな影響を受けた武村正義新党さきがけ代表の本の題名は『小さくともキラリと光る国・日本』でした。

「小さい国」とはどういうものか、そのような選択はかって日本にあったのだろうか、そして、これからの日本の選択肢として可能なのだろうかという問いが私の中にいつもくすぶっていました。

そんな私に問いへの答えのようなものを与えてくれたのが、明治維新史を研究されてきた田中彰さんの『小国主義』という岩波新書でした。１９９９年、武村さんの本から5年後、20世紀が終ろうとするときに出版された本です。

――小国ないし小国主義という問題については、かなり前から関心を抱いていたものの、それを日本近代史を通して見直してみようと考えたひとつのきっかけは、１９９６年夏から数回にわたって行なわれたNHKテレビ番組検討のための会議への参加である。

これは1997年1月1日~3日、NHKのBS1で放映された三回シリーズ「日本の座標軸――『岩倉使節団』にみる現代の選択」となるが、番組冒頭で、キャスター役の山室英男氏(評論家、元NHK解説委員長)は、『米欧回覧実記』は敗戦直後に読まれるべきだった、と強調した。明治初年の近代日本の出発点においてまとめられた岩倉使節団のこの報告書には、約七十年後の敗戦後の日本の再出発にあたって、選ぶべき選択肢を示唆する内容が盛り込まれていたからである。

本書は、この七十年間の歩みを「小国主義か大国主義か」という二者択一で提示したことになる。このような二元的な対立という図式化は単純すぎるし、多様な要素をからめつつ、紆余曲折に富んだ史実の考察が歴史の分析に不可欠であることは、私もいささか承知しているつもりである。にもかかわらず、あえて単純化した方法をとったのは、そうした形ではあれ、歴史の流れをいま一度見直してみることの必要性を、二十一世紀を前にした日本の現在の状況がひしひしと感じさせるからである。――

と田中彰さんは「小国主義か大国主義か」という対立の図式化は単純すぎることを認めながら、近代日本の歴史の見直しには必要なのだと言います。

まず、「小国主義」とは何でしょうか。

代表的な辞書である『広辞苑』にも『大辞林』にも『日本国語大辞典』にも「小国主義」は載っていません。しかし、大国主義は『広辞苑』では、「国際関係において、大国が自国の強大な力を背景にして小国を圧迫する態度」、『日本国語大辞典』の説明には、「経済力や軍事力にすぐれた国がその力を背景として小国に臨む高圧的な態度」、とあります。

この大国主義の反対、対極にあるのが「小国主義」です。つまり覇権に反対する姿勢・態度ということになります。

岩倉使節団はスイスなど小国を評価

明治初年、岩倉使節団は米欧12か国を歴訪します。近代国家のモデルを探す、というのがこの使節団の使命でした。

田中彰さんは使節団の報告書『米欧回覧実記』を読んで「私にとって驚きだったのは、使節団が欧米の大国と同様に小国をつぶさに見て、そこに意味深い文章の数々を連ねていたことであった」と書きます。

小国としてベルギー、オランダ、ザクセン、スイス、デンマークをあげた後、田中彰さんはこの使節団の報告の次のような興味深い部分をあげます。

——ベルギーとオランダは国土の広さと人口からいえば、「我《わが》筑紫《つくし》一島に較すべし」、つまり北九州のほんの一部に匹敵するにすぎないとし、二国の土地は痩せた湿地だが、人びとは努力を重ね、大国の間にあって自主の権利を貫いている。そして、総生産力は大国をはるかに凌ぐのみならず、ヨーロッパ全体にも関係するほどのものをもち、世界貿易においても影響を及ぼしている。それほどの力を発揮しえるのは、人民がよく勉め、よく励み、よく協力一致して力を尽くしているからにほかならない。だから、「其我《そのわれ》に感触を与ふること、反《かえっ》て三大国より切なるものあるべし」という。ベルギーとオランダから感じとるものは、米・英・仏の三大国以上のものがある、と断言して憚らないのである。

ここには、小国が大国の間にあって独立を保つためには、自主の権利を貫くこと、人民が協力・勉励して総生産力を高めることが必要であることが強調されている。——

使節団の一人、佐佐木高行も明治6年に、

「瑞（スイス）蘭（オランダ）は小国なるに、実に行届きたると見え、何事も小国丈《だ》け相応に仕拵《しこしらえ》にて、役所向等も至って質素に見ゆるなり。各人の心持も同様にて、謹慎して大国の侮を受けず、信義を以て十分に国威を輝せり。吾国今日の形勢は、ちと気高き分に過ぎたり。瑞（スイス）蘭（オランダ）等尤も見習度事《みならいたき》なり」

と書いています。スイスやオランダは小国としての体制と精神に徹していて、大国の侮りも受けず、信義をもって十分に国威を発揚しており、もっとも見習いたい国だというのです。

明治初年（１８６７年）から敗戦（１９４５年）に至るおおよそ80年の小国主義の歴史を、田中彰さんの本に沿って要約すると、以下のようになります。

岩倉使節団が持った小国への関心は残念なことに持続しませんでした。使節団副使だった木戸孝允と大久保利通が亡くなったあと、参議の大隈重信を免ずる明治14年の政変が起きます。10年後に国会を開設する約束を政府がしますが、これによって多数の人心と中立派を政府にひきつけたのです。明治政府がそこで選んだ道はプロシア（ドイツ帝国）の道、つまり大国主義の道でした。

「富国強兵」を掲げる明治政府を痛烈に批判したのが自由民権運動でした。特に明治14年に発表された植木枝盛の「日本国国憲按」は「自由」と「民権」を基調とした大変進んだ内容を持ち、明治憲法を大国主義の憲法とすれば、植木ら民権派の憲法案は、小国主義の憲法でした。

しかし、日清戦争の勝利、それに続く日露戦争を通して小国主義路線は抑え込まれてしまいます。でも、小国主義の主張はキリスト教の非戦や反戦、平和主義、社会主義思想として伏流化し、やがて大正デモクラシーとして顕在化します。

そこで、『東洋経済新報』を舞台にして主張されたのが三浦銕太郎や石橋湛山の「小日本主義」です。湛山らの主張については後で詳しく検討したいと思います。

しかし、この「小日本主義」は植民地主義や軍国主義の大波に押しのけられ、再び伏流化せざるを得ませんでした。

そうして迎えた日本の敗戦。

小国主義が結実したものこそが現日本国憲法だったのです。

日本国憲法に結実した小日本主義

憲法に関連する部分はとても重要だと私は思うので、引用します。

——敗戦と占領は、日本にとって「黒船」以来の、いや「黒船」にもまさる外圧ではあったが、その外圧を経ることによって、日本のなかで伏流化しつつ、苦闘を強いられ続けた「未発の可能性」としての小国主義ははじめて陽の目をみた。敗戦によるすべての植民地の放棄によって、三浦や石橋らの主張した大正デモクラシー期の「小日本主義」が実現し、民権派憲法草案の流れをくんだ憲法研究会草案がマッカーサー草案を介して日本国憲法に流れ

こむことによって、小国主義ははじめて現実のものとなったのである。(略)

その内実の歴史的水脈をみることなく、「押しつけ」憲法論によって日本国憲法の小国主義の理念を否定しようとすることは、いかなる理由を付そうとも、大国主義への回帰をめざす以外の何ものでもない。(略)

日本国憲法のなかに結実した日本の歴史的小国主義と、憲法第九条に関わる国際平和主義の理念は、あくまで堅持しなければならない。それは明治以降、その理念の実現をめざして闘ってきた多くの先人の努力を受けつぐことにほかならない。そして、日清・日露戦争以後、天皇の名においてくりかえされてきた戦争に命を奪われた人びと、そして、アジア太平洋戦争にいたる数千万のアジアないし世界の犠牲者に対する、いまを生きる日本人としての責務がそこにはある。

しかし、再び「強兵」を求めようという動きがいまわれわれの眼前にある。大国主義に通ずる「普通の国」なる言葉が、耳をくすぐる。かつて大国として他国を侵略した事実には目をつぶり、歴史のつまみ食いによってバラ色の日本を描き、それを教育にもち込もうとする動きもある。かつての大国主義の「公」の優先を、新たな装いと手法によって美化し、戦争への道を若者に説く論もある。

それらはいずれも、日本近代史に脈々と流れる歴史的小国主義の水脈を見ようともせず、大国主義日本の再現を夢みようとしている、といえるのではないか。――

17年前に田中彰さんが書いた、これら不安は第二次安倍政権が発足以降、すべて当てはまります。安倍政権は専守防衛の安全保障政策を根っこから転換して再び「強兵」を求め、基本的人権よりも「公」を優先する自民党改憲草案を打ち出し、歴史修正主義によって近隣諸国だけでなくアメリカをも警戒させ、若者を再び戦場に送り込む安保関連法案（いわゆる「戦争法案」）を２０１６年3月29日に施行してしまいました。

ここで触れておきたいのは、２０１３年10月に皇后陛下が79歳の誕生日に際して、自由民権運動の中でつくられた五日市憲法草案について言及されたことです。

五日市憲法草案は少なくとも40数か所で作られていたことが知られている私擬憲法のひとつで、もっとも古い私擬憲法は、１８７２年（明治5年）青木周蔵の起草による大日本政規とされています。国会開設運動の高まりに伴い、憲法の必要性が認識されるようになって１８８１年（明治14年）に多数の私擬憲法がつくられました。これまで言及してきた植木枝盛案や五日市憲法草案は、こうした私擬憲法です。

しかし明治政府は１８８７年（明治20年）の保安条例によって、私擬憲法の検討及び作成を禁じます。これにより、私擬憲法が政府に持ち寄られて議論されることはなく、大日本帝国憲法に直接反映されることはなかったのです。

私は矢部宏治さんの『日本はなぜ、「基地」と「原発」をとめられないのか』(集英社インターナショナル)を大変興味深く読まさせていただきましたが、「なぜ日本人は自分たちでまともな憲法を書けないのか」といった項目を立てているのには賛同しかねます。日本の憲法を1946年(昭和21年)から語るのではなく、少なくとも1881年(明治14年)から語るようにしたいと思います。

そういう意味で、皇后陛下の言葉は明治の民間の憲法草案への深い理解があります。

――5月の憲法記念日をはさみ、今年は憲法をめぐり、例年に増して盛んな論議が取り交わされていたように感じます。

主に新聞紙上でこうした論議に触れながら、かつて、あきる野市の五日市を訪れた時、郷土館で見せて頂いた「五日市憲法草案」のことをしきりに思い出しておりました。

明治憲法の公布(明治22年)に先立ち、地域の小学校の教員、地主や農民が、寄り合い、討議を重ねて書き上げた民間の憲法草案で、基本的人権の尊重や教育の自由の保障及び教育を受ける義務、法の下の平等、更に言論の自由、信教の自由など、204条が書かれており、地方自治権等についても記されています。

当時これに類する民間の憲法草案が、日本各地の少なくとも40数か所で作られていたと聞きましたが、近代日本の黎明期に生きた人々の、政治参加への強い意欲や、自国の未来にかけた熱い願いに触れ、深い感銘を覚えたことでした。

長い鎖国を経た19世紀末の日本で、市井の人々の間に既に育っていた民権意識を記録するものとして、世界でも珍しい文化遺産ではないかと思います。——


これを読むと、皇后陛下の関心が信教や言論の自由、基本的人権の尊重にあり、「当時これに類する民間の憲法草案が、日本各地の少なくとも40数か所で作られていたと聞きましたが、近代日本の黎明期に生きた人々の、政治参加への強い意欲や、自国の未来にかけた熱い願いに触れ、深い感銘を覚えた」という部分は、日本近代で自由と民主を願う人びとへの共感が伝わってきます。

日本の近代史とはある意味で、大国主義と小国主義のせめぎ合いであり、小国主義を暴力的に抑圧して勝利したかにみえた大国主義が、アジアへの侵略を推し進め、ついに連合国に敗北を喫したこと。

その結果、それまで敗北し続けた小国主義は日本国憲法へと、その精神、思想を果実と実らせたという歴史のダイナミズムを田中彰さんの本に沿って、整理してきました。武村正義さんの『小さくともキラリと光る国・日本』は、日本近代史に脈々とながれる小国主義をきちんと受け継ぐ、というものであったことのおさらいができました。

次に自由民権運動での憲法案が日本国憲法とどう重なるのかを見たいと思います。40いくつも作られたという私擬憲法から植木枝盛案を参照しています。あわせて、戦後の憲法研究会の草案とも比べています。

植木憲法案、憲法研究会案と日本国憲法条文の比較

明治の民権運動の思想、なかでも植木枝盛の日本国国憲案に代表される自由民権思想が、1945年11月につくられた憲法研究会（高野岩三郎、鈴木安蔵、岩渕辰雄、森戸辰雄ら）にどのように受け継がれていったか、そのことによって日本国憲法へそれが生かされていったかを見ましょう。憲法研究会で幹事役をつとめた鈴木安蔵は、植木枝盛の憲法案を研究し、高い評価をしていた憲法学者です。どう

ここでは分かりやすいように憲法の条文と明治14年（1881年）の植木枝盛の日本国国憲按、昭和20年（1945年）の憲法研究会案の憲法草案要綱で内容の重なる条文を並べてみます。日本国憲法は〔憲〕、植木日本国国憲按は〔植〕、憲法研究会案は〔研〕と略してい

ます。

（日本国憲法）国民は、すべての基本的人権の享有を妨げられない。この憲法が国民に保障する基本的人権は、侵すことのできない永久の権利として、現在及び将来の国民に与へられる。（第十一条）

（植木案）日本ノ国家ハ日本各人ノ自由権利ヲ殺滅スル規則ヲ作リテ之ヲ行フヲ得ス（第五条）

（憲）この憲法が国民に保障する自由及び権利は、国民の不断の努力によって、これを保持しなければならない（第十二条）

（植）政府恣《ほしいまま》ニ国憲ニ背キ擅《ほしいまま》ニ人民ノ自由権利ヲ浸害シ建国ノ旨趣ヲ妨クルトキハ日本国民ハ之ヲ覆滅シテ新政府ヲ建設スルコトヲ得（第七十二条）

（憲）すべて国民は、法の下に平等であって……（第十四条）

（植）日本ノ人民ハ法律上ニ於テ平等トナス（第四十二条）

（憲）思想及び良心の自由は、これを侵してはならない（第十九条）

（植）日本人民ハ思想ノ自由ヲ有ス（第四十九条）

（憲）集会、結社及び言論、出版その他一切の表現の自由は、これを保障する。検閲は、これをしてはならない。通信の秘密は、これを侵してはならない（第二十一条）

（植）日本人民ハ自由ニ集会スルノ権利ヲ有ス（第五十四条）
日本人民ハ自由ニ結社スルノ権ヲ有ス（第五十五条）
日本人民ハ言語ヲ述ブルノ自由ヲ有ス（第五十一条）
日本人民ハ議論ヲ演《の》フルノ自由権ヲ有ス（第五十二条）
日本人民ハ言語ヲ筆記シ板行シテ之ヲ公ニスルノ権ヲ有ス（第五十三条）
日本人民ハ信書ノ秘密ヲ犯サレザルベシ（第六十二条）

（憲）何人も、外国に移住し、又は国籍を離脱する自由を侵されない（第二十二条）

（植）日本人民ハ日本国ヲ辞スルコト自由トス（第六十三条）

（憲）学問の自由は、これを保障する（第二十三条）

（植）日本人民ハ何等ノ教授ヲナシ何等ノ学ヲナスモ自由トス（第五十九条）

（憲）すべて国民は、健康で文化的な最低限度の生活を営む権利を有する（第二十五条）

（憲法研究会）国民ハ健康ニシテ文化的水準ノ生活ヲ営ム権利ヲ有ス

（憲）公務員による拷問及び残虐な刑罰は、絶対にこれを禁ずる（第三十六条）

（植）日本人民ハ拷問ヲ加ヘラルルコトナシ（第四十八条）
日本ノ人民ハ何等ノ罪アイト雖《いえど》モ生命ヲ奪ハレサルヘシ（第四十五条）

（研）国民ハ拷問ヲ加ヘラルルコトナし

（憲）この憲法は、国の最高法規であって、その条規に反する法律、命令、詔勅及び国務に関するその他の行為の全部又は一部は、その効力を有しない（第九十八条）

（植）政府国憲ニ違背スルトキハ日本人民ハ之ニ従ハザルコトヲ得（第七十条）

カタカナ混じりの条文は読みにくいかと思いますが、日本国憲法と植木枝盛の日本国国憲案、そして憲法研究会の憲法草案要綱とは内容だけでなく文言も重なるものがこのように多くあるのです。

植木枝盛の憲法草案や明治十年代の自由民権私擬憲法案→憲法研究会の憲法草案要綱→マッカーサー（ＧＨＱ）草案→日本国憲法という一連の流れを読み取ることは決して難しくないと思います。

いま列挙したのは基本的人権に関わる部分が多かったわけですが、戦争の放棄を謳った九条はどうなのでしょうか。

憲法の平和主義とパリ不戦条約

「押しつけ」か「否か」。

日本国憲法を巡って、最も対立してきたのはアメリカが書いて押しつけたのか、日本の主体性が織り込まれたのかということでした。

ここで、それに参入して独自の考えを述べるだけの知識を私は持ち合わせてはいません。しかし、「だれが書いたか」というではなく、「どのような文脈にあるか」ということを私は大切にしたいと考えています。

第一に私が注目したいのは１９４５年7月26日にドイツのポツダムで署名された「ポツダム宣言」の第10項です。10項は前段で「吾等の俘虜を虐待せる者を含む一切の戦争犯罪人の対しては厳重なる処罰を加へらるべし」と戦争犯罪人への責任追及が示されます。
後段では「日本国政府は、日本国国民の間に於ける民主主義的傾向の復活強化に対する一切の障礙《しょうがい》を除去すべし。言論、宗教及思想の自由並に基本的人権の尊重は、確立せらるべし」とあります。

ポツダム宣言はルーズベルト米大統領とチャーチル英首相、蒋介石中華民国主席（会議には参加せず無線で了解）の共同声明ですが、これら三国は日本には民主主義的傾向がかつて存在したことを認識しています。ですから、民主主義的傾向の復活強化に対しての妨害、さまたげはこれを取り除くと言っているわけです。

日本国憲法はこのポツダム宣言10項の認識に立ってつくられたと私は考えます。「言論、宗教及思想の自由並に基本的人権の尊重は、確立せらるべし」という部分は、先ほどから見てきた部分です。明治14年の植木枝盛の日本国国憲按に代表される政治思想の源流が厳としてあり、細々とであっても、そうした民主主義的傾向が存在し、伏流として流れていること、それを復活強化しようということでしょう。

では、戦争を放棄した第九条はどうでしょうか。第二章の「戦争の放棄」で、

第九条　日本国民は、正義と秩序を基調とする国際平和を誠実に希求し、国権の発動たる戦争と、武力による威嚇又は武力の行使は、国際紛争を解決する手段としては、永久にこれを放棄する。

②　前項の目的を達するため、陸海空軍その他の戦力は、これを保持しない。国の交戦権は、これを認めない。

この九条に対応するものが憲法「前文」にある、

「日本国民は、恒久の平和を念願し、人間相互の関係を支配する崇高な理想を深く自覚するのであつて、平和を愛する諸国民の公正と信義に信頼して、われらの安全と生存を保持しようと決意した。われらは、平和を維持し、専制と隷従、圧迫と偏狭を地上から永遠に除去しようと努めてゐる国際社会において、名誉ある地位を占めたいと思ふ。われらは、全世界の国民が、ひとしく恐怖と欠乏から免かれ、平和のうちに生存する権利を有することを確認する。」であることはご存じだと思います。

私は「前文」のこの部分が好きです。

国際会議に参加するときなど「全世界の国民が、ひとしく恐怖と欠乏から免かれ、平和のうちに生存する権利を有する」「平和を維持し、専制と隷従、圧迫と偏狭を地上から永遠に

ます。勇気がわいてきます。

…（前頁より）

除去しようと努めてゐる国際社会において、名誉ある地位を占めたい」ということを、確かめながら行くと、政治家として、人間として果たす役割がすっきりします。勇気がわいてきます。

最初に断っておきますが、こうした戦争の放棄を書き込んだ憲法は世界で初ですから、この条文と対比する憲法案はありません。となると、このような発想はどこから出てきたのでしょうか。ひとつは1928年8月に調印されたパリ不戦条約です。片カナまじりで読みにくいですが、関係部分は長くないので引きます。

人類ノ福祉ヲ増進スヘキ其ノ嚴肅ナル責務ヲ深ク感銘シ
其ノ人民間ニ現存スル平和及友好ノ關係ヲ永久ナラシメンカ爲國家ノ政策ノ手段トシテノ戰爭ヲ卒直ニ抛棄スヘキ時機ノ到來セルコトヲ確信シ
其ノ相互關係ニ於ケル一切ノ變更ハ平和的手段ニ依リテノミ之ヲ求ムヘク又平和的ニシテ秩序アル手續ノ結果タルヘキコト及今後戰爭ニ訴ヘテ國家ノ利益ヲ増進セントスル署名國ハ本條約ノ供與スル利益ヲ拒否セラルヘキモノナルコトヲ確信シ
其ノ範例ニ促サレ世界ノ他ノ一切ノ國カ此ノ人道的努力ニ參加シ且本條約ノ實施後速ニ之

ニ加入スルコトニ依リテ其ノ人民ヲシテ本條約ノ規定スル恩澤ニ浴セシメ以テ國家ノ政策ノ手段トシテノ戰爭ノ共同抛棄ニ世界ノ文明諸國ヲ結合センコトヲ希望シ

が前段の部分で、以下が関係条文です。

第一條　締約國ハ國際紛爭解決ノ爲戰爭ニ訴フルコトヲ非トシ且其ノ相互關係ニ於テ國家ノ政策ノ手段トシテノ戰爭ヲ抛棄スルコトヲ其ノ各自ノ人民ノ名ニ於テ嚴肅ニ宣言ス

第二條　締約國ハ相互間ニ起ルコトアルヘキ一切ノ紛爭又ハ紛議ハ其ノ性質又ハ起因ノ如何ヲ問ハス平和的手段ニ依ルノ外之カ處理又ハ解決ヲ求メサルコトヲ約ス

憲法九条二項に「前項の目的を達するため」という文言を加えた、芦田修正で知られる芦田均元首相は、パリ不戦条約の第一条をモデルにしてアメリカが九条を示したと発言していますが、こうしたアメリカ案に真っ向から対立した証言を残しているのが、幣原喜重郎元首相です。

幣原喜重郎から聴取した戦争放棄条項

幣原喜重郎は１９４５年（昭和20年）10月、東久邇宮内閣総辞職を受けて首相に就任。翌46年（昭和21年）４月17日に「憲法改正草案」を発表し、その５日後の４月22日に総辞職をしていますから、彼の首相としての何よりの仕事は新憲法をまとめることでした。

１９５１年（昭和26年）３月10日に幣原は亡くなりますが、その10日ほど前の２月下旬に幣原の側近であった平野三郎元衆議院議員が、幣原に憲法の戦争放棄条項などについて質問していました。世田谷の幣原の自宅で時間は二時間程度だったようです。

話の最後に幣原は「なお念のためだが、君も知っている通り、去年金森君（注：金森徳次郎のこと。吉田茂内閣の憲法担当国務大臣。帝国議会における大日本帝国憲法の改正審議で、憲法に関する政府答弁を行いました）からきかれた時も僕が断ったように、このいきさつは僕の中だけに留めておかねばならないことだから、その積りでいてくれ給え」と、公開しないように念を押しています。

しかし、平野三郎は「幣原先生からは口外しないようにいわれたのであるが、昨今の憲法制定の経緯に関する論議の状況にかんがみてあえて公にすることにしたのである」との理由をつけて「幣原先生から聴取した戦争放棄条項等の生まれた事情について――平野三郎氏記――」のタイトルで憲法調査会事務局が１９６４年（昭和39年）２月に印刷製本しています。

平野が幣原元首相に質問してから13年後でした。

憲法調査会のものですから、怪文書の類では決して ありません。以下は重要な部分で、口調も残しました。幣原喜重郎の情熱を是非知って欲しいです。

九条は僕が考えた

――(平野の問) 実は憲法のことですが、私には第九条の意味がよく分かりません。あれは現在占領下の暫定的な規定ですか、それなら了解できますが、そうすると何れ独立の暁には当然憲法の再改定をすることになる訳ですか。

(幣原の答) いや、そうではない。あれは一時的なものではなく、長い間僕が考えた末の最終的な結論というようなものだ。

(問) そうしますと一体どういうことになるのですか。軍隊のない丸裸のところへ敵が攻めてきたら、どうするという訳なのですか。

(答) それは死中に活だよ。一口に言えばそういうことになる。

(問) 死中に活と言いますと……

(答) たしかに今までの常識ではこれはおかしいことだ。しかし原子爆弾というものが出来た以上、世界の事情は根本的に変わつて終つたと僕は思う。何故ならこの兵器は今後更に幾十倍幾百倍と発達するだろうからだ。恐らく次の戦争は短時間のうちに交戦国の大小都市が悉く灰燼に帰して終うことになるだろう。そうなれば世界は真剣に戦争をやめることを考えなければならない。そして戦争をやめるには武器を持たないことが一番の保証になる。――

この幣原発言で、九条を考えた決定的な要因が、ヒロシマとナガサキへの原爆投下だったことが分かります。幣原がここで述べているように、原爆は水爆へと破壊力を増し、大気圏での核実験は地球を汚染し、数多くの被爆者を生みました。

そして、１９６２年10月のキューバ危機。全面核戦争の半歩手前まで進み、人類が死滅するかどうかの瀬戸際でした。この時、極東も危機一髪だったことを『琉球新報』は２０１５年3月15日に報じています。キューバ危機の際、米軍は誤ってソ連極東地域などを標的にした核攻撃命令を沖縄のミサイル部隊に出します。幸いに現場の発射指揮官の判断でミサイル攻撃は回避されたと元技師の証言で明らかになりました。

もし、発射指揮官が命令通りに核のボタンに手をかけたらどうなったでしょうか。ソ連からの報復核攻撃で沖縄は勿論、三沢基地も横田基地も横須賀港も跡形もなくなっていたでしょう。

いまは、北朝鮮が核開発を進め、アメリカ共和党のトランプ大統領候補は北朝鮮の核に対抗して、日本、韓国は核武装すべきだなどと暴論を明らかにしています。

私たち人類はぎりぎりのところで核の危機を何とか回避し、いまがあるのですが、それらはある幸運によるもので、これからもこうした幸運が続くなどという保証はどこにもありません。

それどころか、ベルギーで32人の死者を出した2016年3月のテロ実行者が原子力発電所をテロの対象と検討にしていたことが明らかになったように、核の危機のハードルは確実に下がってきています。

日本はヒロシマ、ナガサキ、ビキニ、フクシマと4度も原爆と原発の被害にあった、世界では例のない国です。だからこそ、核なき世界、脱原発の道筋をだれよりも先んじてつけていく責任があると私は思います。脱原発については後に言及するつもりです。

――（幣原）要するに軍縮は不可能である。絶望とはこのことであろう。唯もし軍縮を可能にする方法があるとすれば一つだけ道がある。それは世界が一せいに一切の軍備を廃止することである。

一、二、三、の掛声もろとも凡ての国が兵器を海に投ずるならば、忽ち軍縮は完成するだろう。勿論不可能である。それが不可能なら不可能なのだ。

ここまで考えを進めてきた時に、第九条というものが思い浮かんだのである。そうだ。もし誰かが自発的に武器を捨てるとしたら――

最初それは脳裏をかすめたひらめきのようなものだつた。次の瞬間、直ぐ僕は思い直した。自分は何を考えようとしているのだ。相手はピストルを持つている。その前に裸のからだをさらそうと言う。何と言う馬鹿げたことだ。恐ろしいことだ。自分はどうかしたのではないか。若しこんなことを人前で言つたら、幣原は気が狂つたと言われるだろう。正に狂気の沙汰である。

しかしそのひらめきは僕の頭の中でとまらなかつた。どう考えてみても、これは誰かがやらなければならないことである。恐らくあのとき僕を決心させたものは僕の一生のさまざまな体験ではなかつたかと思う。何のために戦争に反対し、何のために命を賭けて平和を守ろうとしてきたのか。今だ。今こそ平和だ。今こそ平和のために起つ秋ではないか。そのために生きてきたのではなかつたか。そして僕は平和の鍵を握つていたのだ。何か僕は天命をさずかつたような気がしていた。

非武装宣言ということは、従来の観念からすれば全く狂気の沙汰である。だが今では正気の沙汰とは何かということである。武装宣言が正気の沙汰か。それこそ狂気の沙汰だとう結論は、考えに考え抜いた結果もう出ている。
要するに世界は今一人の狂人を必要としているということである。何人かが自ら買つて出て狂人とならない限り、世界は軍拡競争の蟻地獄から抜け出すことができないのである。これは素晴らしい狂人である。世界史の扉を開く狂人である。その歴史的使命を日本が果たすのだ。――

「世界史の扉を開く狂人」たらんとした幣原喜重郎の熱さをひしひしと感じます。これだけの思いがなければ、戦争放棄を世界で初めて書き込んだ憲法は持てなかったでしょう。そして、その平和憲法を何がなんでも壊そうとする安倍政権に対して、私たちはいま「今こそ平和のために起つ秋ではないか。そのために生きてきたのではなかつたか」と声をあげなければなりません。

――（問）そうしますと憲法は先生の独自の御判断で出来たものですか。一般に信じられているところは、マツカーサー元帥の命令の結果ということになつています。
（答）このことは此処だけの話にして置いて貰わねばならないが、僕はあの年（注：昭和20年）の暮から正月にかけ僕は風邪をひいて寝込んだ。僕が決心をしたのはその時である。

それに僕には天皇制を維持するという重大な使命があつた。元来、第九条のようなことを日本側から言いだすようなことは出来るものではない。まして天皇の問題に至つては尚更である。この二つは密接にからみ合つていた。実に重大な段階にあつた。

幸いマツカーサーは天皇制を存続する気持を持つていた。本国からもその線の命令があり、アメリカの肚は決まつていた。ところがアメリカにとつては厄介な問題が起こつた。それは豪州やニュージーランドなどが、天皇の問題に関してはソ連に同調する気配を示したことである。（略）

この情勢の中で、天皇の人間化と戦争放棄を同時に提案することを僕は考えた訳である。豪州その他の国々は日本の再軍備を恐れるのであつて、天皇制そのものを問題にしている訳ではない。故に戦争が放棄された上で、単に名目的に天皇が存続するだけなら、戦争の権化としての天皇は消滅するから、彼らの対象とする天皇制は廃止されたと同然である。もともとアメリカ側である豪州その他の諸国は、この案ならばアメリカと歩調を揃え、逆にソ連を孤立させることが出来る。

この構想は天皇制を存続すると共に第九条を実現する言わば一石二鳥の名案である。（略）国体に触れることだから、仮りにも日本側からこんなことを口にすることは出来なかつた。憲法は押しつけられたという形をとつた訳であるが、当時の実情としてそういう形でなかつたら実際に出来ることではなかつた。

そこで僕はマッカーサーに進言し、命令として出して貰うよう決心したのだが、これは実に重大なことであつて、一歩誤れば首相自らが国体と祖国の命運を売り渡す国賊行為の汚名を覚悟しなければならぬ。松本君（注：１９４５年10月25日に設置された憲法問題調査委員会の会長となった松本烝治憲法関係の主任大臣）にさえも打ち明けることの出来ないことである。したがつて誰にも気づかれないようにマッカーサーに会わねばならぬ。幸い僕の風邪は肺炎ということで元帥からペニシリンというアメリカの新薬を貰いそれによつて全快した。そのお礼ということで僕が元帥を訪問したのである。それは昭和二一年の一月二四日である。その日、僕は元帥と二人切りで長い間話し込んだ。すべてはそこで決まつた訳だ。——


まるで推理小説を読むような興奮を感じる部分です。

ここには、なぜある意味破天荒ともいえる戦争放棄をうたう憲法九条が発想され、それがマッカーサー元帥に伝えられるか、戦後直後の政治力学が赤裸々に語られています。

当時アメリカ本国の意向としても、マッカーサー元帥の判断としても天皇制を維持しようとしていました。さまざまな研究・検証によって、このことに異議を唱える人はいないはずです。

同時に、天皇制を維持するということは極東国際軍事裁判（東京裁判）で、天皇の戦争責任を免責する必要がありました。天皇に責任あるとするソ連にオーストラリア、ニュージーランドなどが同調しそうな情勢のなか、幣原喜重郎は一発逆転の妙手を考えつきます。戦争を永久に放棄するということを入れた憲法をつくり、オーストラリアやニュージーランドに根強くある「再軍備と軍国主義復活」の危険性を除去し、同時に天皇制を存続させることを認めさせる、いわば九条と天皇制をバーターにし、マッカーサー（同時に日本の支配層）の窮地を救うという、幣原の言葉によると「一石二鳥の名案」です。

しかし、ひとつ条件がありました。この案が日本側からの提案であることを隠し、「憲法は押しつけられたという形」が必要でした。当時の実情では、そうしないと不可能だったろうと幣原首相は判断を下したと、言います。

そして、この「名案」は当時の日本政府側の憲法問題の担当者である松本烝治担当大臣に明かすこともせず、幣原首相唯一人の胸に秘めて、ペニシリンのお礼を名目にマッカーサー元帥に会いに行くのです。

その時は、１９４６年（昭和21年）１月24日でした。二人きりで長い時間を話しあったと語っています。

――（問）元帥は簡単に承知されたのですか。

（答）マッカーサーは非常に困った立場にいたが、僕の案は元帥の立場を打開するものだから、渡りに舟というか、話はうまく行つた訳だ。しかし第九条の永久的な規定ということには彼も驚いていたようであつた。僕としても軍人である彼が直ぐには賛成しまいと思つたので、その意味のことを初めに言つたが、賢明な元帥は最後には非常に理解して感激した面持で僕に握手した程であつた。

元帥が躊躇した大きな理由は、アメリカの戦略に対する将来の考慮と、共産主義者に対する影響の二点であつた。それについて僕は言った。

日米親善は必ずしも軍事一体化ではない。日本がアメリカの尖兵となることが果たしてアメリカのためであろうか。原子爆弾はやがて他国にも波及するだろう。次の戦争は想像に絶する。世界は亡びるかも知れない。世界が亡びればアメリカも亡びる。問題は今やアメリカでもロシアでも日本でもない。問題は世界である。いかにして世界の運命を切り拓くかである。日本がアメリカと全く同じものになつたら誰が世界の運命を切り拓くか。（略）

歴史の偶然はたまたま日本に世界史的任務を受け持つ機会を与えたのである。貴下さえ賛成するなら、現段階に於ける日本の戦争放棄は、対外的にも対内的にも承認される可能性がある。歴史のこの偶然を今こそ利用する秋である。そして日本をして自主的に行動させるこ

とが世界を救い、したがってアメリカをも救う唯一の道ではないか。（略）
何れにせよ、ほんとうの敵はロシアでも共産主義でもない。このことはやがてロシア人も気づくだろう。彼らの敵もアメリカではなく資本主義でもないのである。世界の共通の敵は戦争それ自体である。――

「日本がアメリカの尖兵となることが果たしてアメリカのためであろうか」「日本がアメリカと全く同じものになったら誰が世界の運命を切り拓くか」という日本の最高責任者の言に私は感動します。深く心を揺さぶられます。

原爆を2発も投下された国の政治家として「世界が亡びればアメリカも亡びる」という真理を、日本と韓国に核武装を求めるようなアメリカの大統領候補に向かって、いまこそ堂々と主張すべきだと思います。

そうして、2015年にアメリカの尖兵になるべく、「安保関連法（いわゆる「戦争法」）の成就」をアメリカの議会でアメリカに約束し、2016年3月31日からワシントンで開かれた「核安保サミット」でオバマ米大統領に報告するため、安保関連法の施行を3月29日に行うような、日米一体化をひたすら追い求める現在の日本の首相に強い抵抗感を抱きます。

マッカーサー、発案者は幣原首相

幣原首相のマッカーサー元帥への最後の言葉が「世界の共通の敵は戦争それ自体である」でしたが、では、マッカーサーの方はこの幣原との1月24日の会見をどうとらえたのでしょうか。元帥は1960年に『回想録』を出版し、その中で「戦争放棄条項の発案者は幣原首相だ」と書きました。この提案を聞いたマッカーサー元帥は「腰がぬけるほどおどろき」、自分が長年熱情を傾けてきた「夢だった」としています。

——日本の新憲法にある「戦争放棄」条項は、私の個人的な命令で日本に押しつけたものだという非難が、実情を知らない人々によってしばしば行われている。これは次の事実が示すように、真実ではない。

旧憲法改正の諸原則を、実際に書きおろすことが考慮されるだいぶ前のこと、幣原首相は、当時日本ではまだ新薬だったペニシリンをもらって、病気がよくなった礼を述べるため、私に会いたいといってきた。それはちょうど松本博士の憲法問題調査委員会が憲法改正案の起草にとりかかろうとしている時だった。

幣原男爵は1月24日（昭和21年）の正午に、私の事務所をおとずれ、私にペニシリンの礼を述べたが、そのあと私は男爵がなんとなく当惑顔で、何かをためらっているらしいのに気がついた。私は男爵に何を気にしているのか、とたずね、それが苦情であれ、何かの提議であれ、首相として自分の意見を述べるのに少しも遠慮する必要はないといってやった。

首相は、私の軍人という職業のためにどうもそうしにくいと答えたが、私は軍人だって時折りいわれるほどカンがにぶくて頑固なのではなく、たいていは心底はやはり人間なのだと述べた。

首相はそこで、新憲法を書上げる際にいわゆる「戦争放棄」条項を含め、その条項では同時に日本は軍事機構を一切もたないことをきめたい、と提案した。そうすれば、旧軍部がいつの日にかふたたび権力をにぎるような手段を未然に打消すことになり、また日本にはふたたび戦争を起す意志は絶対にないことを世界に納得させるという、二重の目的が達せられる、というのが幣原氏の説明だった。

首相はさらに、日本は貧しい国で軍備に金を注ぎ込むような余裕はもともとないのだから、日本に残されている資源は何によらずあげて経済再建に当てるべきだ、とつけ加えた。

私は腰が抜けるほどおどろいた。長い年月の経験で、私は人を驚かせたり、異常に興奮させたりする事柄にはほとんど不感症になっていたが、この時ばかりは息もとまらんばかりだった。戦争を国際間の紛争解決には時代遅れの手段として廃止することは、私が長年熱情を傾けてきた夢だった。——

アメリカの最高司令官と日本の首相が、二人だけで話し合い、その内容、ペニシリンなどのディテールから二人の心理まで、これほど重なる記憶というものに私は驚愕します。幣原首相のマッカーサーが軍人であるということへの躊躇、それを忖度するマッカーサー元帥。懸命に戦争放棄を説く幣原首相にマッカーサーが腰が抜けるほど驚き、かつ感動したありさま。

亡くなる10日前に幣原首相が語ったこと、そして、語り合ってから14年後に出版されたマッカーサーの『回想記』。この二つを読み合わせれば1946年の1月24日の正午から、二人が語り合った内容が、真実だったということを疑うことは誰にもできないのではないでしょうか。それを疑うことは私にはできません。そしてその内容が意味することの重大さを理解できます。

ここではこれ以上、九条が押しつけか否かといったことに深入りすることはしません。しかし、安倍首相はホームページで、憲法改正の第一の理由として「この憲法は日本人が作ったものではなくGHQによって作られたものである」ということを挙げています。

次々頁の二コマまんがの発言部分を比べてみてください。小学館から出されていた『小学館版　学習まんが少年少女日本の歴史』で、1989年版では幣原首相が戦争放棄をもりこみたいとなっていたものが、1994年版ではマッカーサーが提案したと変更されてしまっていることが、良く分かるかと思います。何の説明もなしに、だれの責任かも明かされずに、このような改変、すり替えが「子ども向けのまんが」で行われていることの異様さ、怖さを知っていただきたいと思います。

このような力学が何故働くのでしょうか。だれを忖度して、だれが内部検閲のようなことをするのでしょうか。大手出版社のモラルはどこへ行ったのでしょうか。この問題点を発見したのはドイツの学者K・シルヒトマンさんで、『ドイツ人から見た日本国憲法』（本の泉社）で明らかにしました。私たちは歴史を改ざんしようとするこうした力への警戒心をもたなければなりませんし、対抗しなければなりません。

ひとつの運動を紹介します。これまで言及してきた幣原喜重郎がマッカーサー元帥に対し、戦争放棄・戦力不保持を提案したことを示す資料が日米に散在しているのだそうです。

それら日米に散在する「九条の発案者にかかわる重要資料群」を市民による超国家共同提案でユネスコの世界記憶遺産に登録する運動です。この運動の輪を広げることを通じて、安倍首相の改憲の第一の理由の信憑性を揺るがす資料群が存在することを内外に広く伝え、九条の価値を世界に知ってもらおうという趣旨でアメリカの著名な学者であるノーム・チョムスキーさんも賛同されているそうです。皆さんも是非、この運動を支えてください。問い合わせ先は「9条ユネスコ世界記憶遺産登録ネットワーク」（cojmow.jimdo.com/）です。

私は政府の情報、記録の扱いに十分注意を払う必要があると思っています。敗戦時、戦犯容疑を逃れるために、閣議決定で公文書や軍関係書類などの焼却を決めるようなことを行い、現在は「集団的自衛権を容認した」２０１４年７月１日の閣議決定に至る文書さえ公開しようとしていません。

ですから、記憶遺産に登録し、証拠の不開示や隠滅をさせないという視点はとても新しく、重要だと思います。

『小学館版学習まんが 少年少女日本の歴史　第20巻 第25刷（1989年発行）』

『小学館版学習まんが 少年少女日本の歴史　第20巻 第35刷（1994年発行）』
※戦争放棄を提案したのが、マッカーサーに変わっている

K・シルヒトマン『ドイツ人学者から見た日本国憲法』本の泉社、より

第4章　石橋湛山と小日本主義

湛山に出会う、湛山に学ぶ

小日本主義といえばこの人抜きに先へは進めません。鳩山一郎の後を継ぎ、1956年12月に首相となった石橋湛山です。

しかし、首相就任後直ぐに病に倒れ、石橋政権はわずかに2か月しか続きませんでしたから、ここでは石橋湛山の言説を中心にして触れたいと思います。

石橋湛山をテーマにした本の多くが小日本主義をタイトルにしています。佐高信さんの『湛山除名　小日本主義の運命』（岩波現代文庫）、姜克實さんの『石橋湛山の戦後　引き継がれゆく小日本主義』（東洋経済）、増田弘編『小日本主義　石橋湛山外交論集』（草思社）など。とはいえ、小日本主義は石橋湛山の特許販売ではないのです。1911年（明治44）に27歳で石橋湛山が東洋経済新報社に入社した時に、『東洋経済新報』は三浦銕太郎主幹のもと、「大日本主義」の「軍国主義、専制主義、国家主義」に対し、「小日本主義」の「産業主義、自由主義、個人主義」の論陣をはっていたからです。こうした社の方針は石橋湛山の考えと重なって以降の論説の幹となります。『東洋経済新報』を舞台とした石橋湛山の筆の冴え、鋭さ、論理に裏付けられた骨太さ、政府であろうと正論をぶっつける大胆さには本当に驚かされます。いま、私たちは岩波文庫の『石橋湛山評論集』で手軽に、当時の「社説」などを読むことが可能です。

まず、1921年（大正10年）7月23日号の「一切を棄つるの覚悟　太平洋会議に対する我が態度」から、引用します。年表でこの1921年の主な出来事を拾うと、当時はシベリア出兵中で、この撤兵問題、普通選挙法などが大きな政治テーマです。軍備縮小同志会が尾崎行雄や吉野作造らによって作られる一方、11月には原敬首相が右翼テロで殺され、イタリアでファシスト党がつくられます。また、翌年2月まで海軍軍縮と極東問題のためのワシントン会議が開かれます。先にも若干触れましたが第一次世界大戦後の国際協調と軍縮という一方の流れと、それに反対する軍国主義者や右翼テロが台頭する時期でした。湛山は、軍備縮小会議を主導できなかった日本政府を批判しつつ、

——我が国の総ての禍根は、しばしば述ぶるが如く、小欲に囚れていることだ、志の小さいことだ。吾輩は今の世界において独り日本に、欲なかれとは註文せぬ。人汝の右の頰を打

たば、また他の類をも廻して、これに向けよとはいわぬ。否、古来の皮相なる観察者によって、無欲を説けりと誤解せられた幾多の大思想家も実は決して無欲を説いたのではない。彼らはただ大欲を説いたのだ。大欲を満たすがために、小欲を棄てよと教えたのだ。さればこそ仏者の「空」は「無」にあらず、無量の性功徳を円満具足するの相を指すなりといわるるのだ。しかるに我が国民には、その大欲がない。朝鮮や、台湾、支那、満州、またはシベリヤ、樺太等の、少しばかりの土地や、財産に目をくれて、その保護やら取り込みに汲々としておる。従って積極的に、世界大に、策動するの余裕がない。(略)

例えば満州を棄てる、山東を棄てる、その他支那が我が国から受けつつありと考うる一切の圧迫を棄てる、その結果はどうなるか、また例えば朝鮮に、台湾に自由を許す、その結果はどうなるか。英国にせよ、米国にせよ、非常の苦境に陥るだろう。何となれば彼らは日本にのみかくの如き自由主義を採られては、世界におけるその道徳的地位を保つを得ぬに至るからである。その時には、支那を始め、世界の小弱国は一斉に我が国に向かって信頼の頭を下ぐるであろう。インド、エジプト、ペルシャ、ハイチ、その他の列強属領地は、一斉に、日本の台湾・朝鮮に自由を許した如く、我にもまた自由を許せと騒ぎ立つだろう。これ実に我が国の位地を九地の底より九天の上に昇せ、英米その他をこの反対の位地に置くものではないか。我が国にして、一たびこの覚悟を以て会議に臨まば、思うに英米は、まあ少し待ってくれと、我が国に懇願するであろう。ここに即ち「身を棄ててこそ」の面白味がある。遅しといえども、今にしてこの覚悟をすれば、我が国は救わるる。しかも、これが唯一の道である。――

湛山は父親が日蓮宗の僧侶で、自身「有髪の僧のつもりであって、……宗教家たるの志は、いまだこれを捨てたことがない」と語っていた人だけあって、非常に宗教的信念が、背骨に通っている、そんな印象ですが、「我が国の総ての禍根は、小欲に囚われていることだ、志の小さいことだ」という、凄まじい覚悟がみなぎった文章です。

同時に、この湛山の道徳的優位こそが大切だという論旨と大胆さは、先の章でみた幣原喜重郎を思い起こさせます。（湛山の論が24年も早いのですが）「彼らには、まだ、何もかも棄てて掛かれば、奪われる物はないということに気づかぬのだ」という湛山の捨て身となった強さ、先入観に一切とらわれない実直さが戦争放棄を唱えた幣原喜重郎とダブって見えて仕方がありません。

大日本主義の幻想

この文章の一週間後の「大日本主義の幻想」こそ、小日本主義、石橋湛山の名をいまに伝える歴史的「社説」です。長文なので、概略を示しながら、これはという文章は直接に引用したいと思います。

日本が満州はもちろん、朝鮮・台湾・樺太も棄てる覚悟をせよ、それこそが日本を生かす唯一の道であるという湛山の論への予想される反論に、数字をあげながら朝鮮・台湾・関東州は、経済・貿易上の重要地ではないことを証明します。

「この三地を合わせて、昨年、我が国はわずかに九億余円の商売をしたに過ぎない。同年、米国に対しては輸出入合計十四億三千八百万円、インドに対しては五億八千七百万円、また英国に対してさえ三億三千万円の商売をした。朝鮮・台湾・関東州のいずれの一地をとって見ても、我がこれに対する商売は、英国に対する商売にさえ及ばぬのである。（略）

もし、経済的自立ということをいうならば、米国こそ、インドこそ、英国こそ、我が経済的自立に欠くべからざる国といわねばならない」

すこし煩雑ですが、数字での説明が大事なのでおつき合いください。明治43年から10年間の貿易額の増加を中国とアメリカで比較し、対中貿易は輸出入が約4億7千万円増加したのに対し、対アメリカ貿易の増加額は約12億4千万円となっていること。

また、1920年（大正9年）の中国から輸入した鉄は2億5千3百万斤、米国からの鉄の輸入は12億5千5百万斤、英国からは3億3千2百万斤。中国からの石炭の輸入はわずか

に55万8千トンにすぎない、と具体例をあげて、

――朝鮮・台湾・樺太を領有し、関東州を租借し、支那・シベリヤに干渉することが、我が経済的自立に欠くべからざる要件だなどという説が、全く取るに足らざるは、以上に述べた如くである。我が国に対する、これらの土地の経済的関係は、量において、質において、むしろ米国や、英国に対する経済関係以下である。これらの土地を抑えて置くために、えらい利益を得ておる如く考うるは、事実を明白に見ぬために起った幻想にすぎない。――

次に国防論、戦争論が展開されます。

軍備の必要は「他国を侵略するか」あるいは「他国に侵略さらるる虞れがあるからか」の二つの場合だが、侵略の意図も、他国から侵略される虞れもないなら「警察以上の兵力は、陸海ともに、絶対に用はない」

そして日本の政治家も軍人も新聞人も、侵略する目的はないと言っており、日本の本土などは、ただで遣るといってもだれも貰い手はないだろう。侵略の恐れのあるのは日本の海外領土であり、戦争勃発の危険のもっとも高いのは、中国またはシベリヤだと指摘して、

――我が国が支那またはシベリヤを自由にしようとする。米国がこれを妨げようとする。あるいは米国が支那またはシベリヤに勢力を張ろうとする、我が国がこれをそうさせまいとする。ここに戦争が起れば、起る。而してその結果、我が海外領土や本土も、敵軍に襲わる危険が起る。さればもし我が国にして支那またはシベリヤを我が縄張りとしようとする野心を棄つるならば、満州・台湾・朝鮮・樺太等も入用でないという態度に出づるならば、戦争は絶対に起らない、従って我が国が他国から侵さるるということも決してない。

論者は、これらの土地を我が領土とし、もしくは我が勢力範囲として置くことが、国防上必要だというが、実はこれらの土地をかくして置き、もしくはかくせんとすればこそ、国防の必要が起こるのである。それらは軍備を必要とする原因であって、軍備の必要から起った結果ではない。

しかるに世人は、この原因と結果とを取り違えておる。謂えらく、台湾・支那・朝鮮・シベリヤ・樺太は、我が国防の垣であると。安《いずくん》ぞ知らん、その垣こそ最も危険な燃え草であるのである。而して我が国民はこの垣を守るがために、せっせといわゆる消極的国防を整えつつあるのである。吾輩の説く如く、その垣を棄つるならば、国防も用はない。(略)

いかなる国といえども、支那人から支那を、露国人からシベリヤを、奪うことは、断じて出来ない。もし朝鮮・台湾を日本人が棄つるとすれば、日本に代って、これらの国を、朝鮮人から、もしくは台湾人から奪い得る国は、決してない。——

ここで湛山が「軍備を必要とする原因であって、軍備の必要から起った結果ではない」という指摘は、2016年のいまも大いにハッとさせられる言です。とともに、湛山が第一次世界大戦後に澎湃《ほうはい》として生まれた、民族自立・民族独立を信ずる強さに圧倒されます。

支配され、圧迫されたとしても民族はそれを撥ね退けるだろうという見通しこそ、大日本主義に価値はないとする論拠、確信でした。「仮に彼らの妄信する如く、大日本主義が、我に有利の政策なりとするも、そは久しきにわたって、とうてい遂行し難き事情の下にあるものなること、これである」

次に引用した言葉は1945年の敗戦の24年も前に書かれたということが信じられないほどの長期の見通しを持った、私が大好きなところです。

——過去において併合したものも、漸次これを解放し、独立または自治を与うるほかないことになるであろう。アイルランドは既にその時期に達した。インドが、いつまで、英国に対して今日の状況を続くるかは疑問である。この時に当り、どうして、独り我が国が、朝鮮および台湾を、今日のままに永遠に保持し、また支那や露国に対して、その自主権を妨ぐるが如きことをなし得よう。朝鮮の独立運動、台湾の議会開設運動、支那およびシベリヤの排日は、既にその前途の何なるかを語っておる。吾輩は断言する。これらの運動は、決して警察や、軍隊の干渉圧迫で抑えつけられるものではない。そは資本家に対する労働者の団結運動を、干渉圧迫で抑えつけ得ないと同様であると。

彼らは結局、何らかの形で、自主の満足を得るまでは、その運動をやめはしない。而して彼らは必ずその満足を得るの日を与えられるであろう。従ってこれを圧迫する方からいえば、ただ今日彼らの自主を、我らからむしろ進んで許すか、あるいは明日彼らによってこれを捥ぎ取らるるかという相違に過ぎぬ。即ち大日本主義は、いかに利益があるにしても、永く維持し得ぬのである。——

短い期間なら大日本主義は利益があるかもしれない。しかし、それは持続しない、できない。日の沈むことのなかった大英帝国を見よと言っているわけです。いまの言葉にすると「持続不能な大日本主義」ということです。

そうして、明日もぎとられるのなら、どうせ棄てねばならぬ運命なら、早く棄てるが賢明だとして、

——もし我が国が、いつまでも従来の態度を固執せんか四隣の諸民族諸国民の心を全く喪うも、そう遠いことではないかも知れぬ。その時になって後悔するとも及ばない。賢明なる策はただ、何らかの形で速やかに朝鮮・台湾を解放し、支那・露国に対して平和主義を取るにある。而して彼らの道徳的後援を得るにある。かくて初めて、我が国の経済は東洋の原料と市場を十二分に利用し得べく、かくて初めて我が国の国防は泰山の安《やすき》を得るであろう。大日本主義に価値ありとするも、即ちまた、結論はここに落つるのである。

これを要するに吾輩の見る処によれば、経済的利益のためには、我が大日本主義は失敗であった、将来に向かっても望みがない。これに執着して、ために当然得らるべき偉大な位地と利益とを棄て、あるいは更に一層大なる犠牲を払う如きは、断じて我が国民の取るべき処置ではない。また軍事的にいうならば、大日本主義を固執すればこそ、軍備を要するのであって、これを棄つれば軍備はいらない。国防のため、朝鮮または満州を要すというが如きは、全く原因結果を顚倒せるものである。——

あと二つだけどうしても引用させてください。『東洋経済新報』の社説らしく、大切なのは領土なのではなく資本ではないかと、

――資本は牡丹餅、で土地は重箱だ。入れる牡丹餅がなくて、重箱だけを集むるは愚であろう。牡丹餅さえ沢山出来れば、重箱は、隣家から、喜んで貸してくれよう。而してその資本を豊富にするの道は、ただ平和主義に依り、国民の全力を学問技術の研究と産業の進歩に注ぐにある。兵営の代わりに学校を建て、軍艦の代わりに工場を設くるにある。陸海軍経費八億円、かりにその半分を年々平和事業に投ずるとせよ。日本の産業は、幾年ならずして、全くその面目を一変するであろう。――

そしてこの長い「社説」の結語。

――朝鮮・台湾・樺太・満州という如き、わずかばかりの土地を棄つることにより広大なる支那の全土を我が友とし、進んで東洋の全体、否、世界の弱小国全体を我が道徳的支持者とすることは、いかばかりの利益であるか計り知れない。――

私はこれらの言葉に、ある種の予言性、先見性を見ます。ひとつは戦前の大日本主義が大日本帝国主義者となり、満州事変からの対中15年戦争と太平洋戦争の結果、無条件降伏をし、湛山が棄てるべしと言った朝鮮・台湾・樺太を放棄することとなったこと。そうして、戦後日本は憲法の下で非軍事国家として平和ブランドを高め、軍事大国では考えられなかった経済発展を実現したことです。

しかし、大日本主義によって私たちはどのように誤り、何を喪ったかについて、日本人が本当に理解しているとは思えません。中国全土を友とすることはできていませんし、世界の弱小国が日本を道徳的に支持してくれているとは思えません。

もう一つは「どうしてあのような困難な時代にこれほどまでの透徹した歴史認識をもち得たのか、いかにして日本の将来と世界の動きを洞察できたのか」との驚きや疑問、これが湛山研究者の共通項ではないか、と増田弘さんは『石橋湛山　リベラリストの神髄』（中公新書）で書かれていますが、この驚きは決して研究者ひとりのものではないと思います。では、言論だけではなく、行動でも驚かされることを次に。

湛山の60年安保

２０１５年の夏は60年安保とたびたび比較されました。戦後の大衆運動として空前の高揚を見せたからです。

この55年前の安保の時に湛山はどうしていたでしょうか。

――私にとって忘れがたい回想の一齣がある。

国会周辺を無数のデモの隊列がとりかこみ、未曽有の規模の国民運動が、〝民主か、独裁か〟の争点をめぐって政治をゆりうごかした1960年（昭和35）年の安保闘争最高潮の頃であった。六月六日、前首相石橋湛山は東久邇・片山両元首相と会談し、議会制民主主義を守るために岸首相に勧告文を呈した。石田雄・江藤淳そして私共夫婦は、「学者研究者の会」「若い日本の会」の意向をたずさえて、病める前首相を中落合の自宅におとずれ、デモクラシーの原則的姿勢に固くたってなお健闘されるよう訴えたのである。石橋氏は、私共のこもごも説くところに耳をかたむけ、ゆっくりうなずいていた。――

と回顧したのは岩波文庫の『湛山回想』に解説を書かれた経済学者の長幸男氏で、湛山に一緒に会った夫人は日本思想史学者の武田清子さん。江藤淳さんは文芸評論家で、その後の右旋回からすると信じられませんが、石原慎太郎、大江健三郎、谷川俊太郎氏らと「若い日本の会」で安保に反対していました。石田雄さんは政治学者で、後に「土井たか子を支える会」の中心メンバーでした。

湛山が動いたのは岸首相への辞職勧告だけではありませんでした。

——安保条約問題では、湛山は日本訪問の予定でマニラまで来ていたアメリカのアイゼンハワー大統領に、来ないでほしいと電報を打ってもいる。

宇都宮も言うように、これは容易ならざることであり、「一人だけじゃというので、私の名もつけて出した」のを宇都宮は覚えている。

「石橋という人はご承知のとおり中国問題に非常に熱心で、吉田は日米をやった、鳩山は日ソをやった。おれは日中をやるんだと、基本的な目標を持っていました」

宇都宮はこの目標を同じくして湛山と親しくなった。

湛山は健康を回復して一九五八年の夏、選挙区の沼津で快気祝を兼ねた時局批判演説会をやり、

「現在の国際情勢を見ると、心配で夜も眠れない。日本国民はいつ戦争の不幸に再びまきこまれるのかわからない。自分は病体を犠牲にしても平和を維持する努力をしたい。もしも世界の平和がそれによって保たれるならば日本は滅んでもよい」

と、その心中を吐露した。

宇都宮はこれを聞いて「電気にうたれたような感動を覚えた」というが、こうした憂国の思いに立って湛山は日米安保の改定に反対し、その渦中で、安保反対闘争の指揮を執る総評事務局長の岩井章と会談した。それで、何度目かの除名論が噴きあがる。——

これは佐高信さんの『湛山除名　小日本主義の運命』（岩波現代文庫）に書かれたエピソードです。アイゼンハワーに訪日中止の電報を打ち、岩井総評事務局長と会う。この行動力に対して、私は尊敬の念を抱くしかありません。

宇都宮とあるのは政治家の宇都宮徳馬さんのことで、宇都宮さんが「日中友好は日本の最大の安全保障であり、日中友好は世界平和の条件である」とおっしゃられた言葉は、とても大切だと思っています。

１９７１年（昭和46年）10月の国連総会で中国は国連代表権を獲得しますが、この時に日本政府はこれに反対して敗北します。そのため野党は福田赳夫外相への不信任案を提出したのですが、自民党からも藤山愛一郎、宇都宮さんら12議員が衆議院本会議を欠席し、事実上、野党不信任に同調をしたこともありました。宇都宮徳馬さんは日中国交正常化を進める自民党内の確信的な議員の中心でした。

本当は湛山のこの行動力が対中国の関係改善にどのように発揮されたのか、詳しく見たいのですが、大日本主義批判のところで紙数を使いましたので、以下簡単に。

湛山が首相を辞任したのが１９５７年（昭和32年）２月でしたが、２年後の１９５９年（昭和34年）９月、周恩来総理から日本人としては初めての正式招待を受けて訪中。周恩来総理と会談し「日中米ソ平和同盟」の構想について打診し、1961年(昭和36年)に「日中米ソ平和同盟」案を発表。2年後、日本工業展覧会の総裁として訪中し、周恩来総理、毛沢東主席等と会見をしています。

湛山と言論の自由、憲法

いま、安倍官邸のメディアコントロールが圧力を増し、メディア関係者は首をすくめ、自己規制という保身に走っているように感じられてなりません。

戦争中、東条内閣倒壊の理由を「民心を喪い、広く天下の人材から見放された」ゆえ、と書いた湛山は東条内閣の負わなければならぬ罪として、

——第一に、政府の言論報道に対する指導方針が、前記の如き無責任な国民心理を醸成するに大いにあずかって力があったことである。このくらいの大戦争をするのに、官僚や、一部の半官機関に言論指導の権力が掌握され、はなはだしい場合には個々の出版や個人の憂国的言論までを抑圧する始末では、公明正大な堂々たる国民の戦争はできない。東条内閣は、いわば国民の口を塞ぎ、眼を閉じ、耳に蓋をした。これでは、国民の心理は消極的になり、引きずられているという感じしか抱けない道理である。

苦難の道を歩み、荊棘《けいきょく》を踏みわけて行かねばならぬ長期戦を戦い抜く為めには、言論報道に対する指導方針を改め、政府は善悪ともに事実を明らかに国民に知らしめると共に、言路洞開明朗闊達なる公議公論が、国民の間から積極的に生まれ出づるようにしなければならぬ。戦局に対する批判さえも、記者はこれを許すを善しと考える。——

「戦局に対する批判さえも、これを許すを善し」との考えを書いたのは戦争末期の1944年（昭和19年）7月29日です。この日付けを確かめた上で、この凛とした主張をメデァで仕事をする方たちにぜひ読んでいただきたい。

では、次に憲法についての湛山の考えを見ましょう。

『湛山回想』の最後に近く、日本の政党政治が無残に終わったのは政党政治家の責任であり、政権争奪のために排撃したはずの軍閥官僚の力を利用し「政党を滅ぼしたものは政党で、そして政党は自己が滅びると共に、また国を滅ぼさんとした」との見解を明らかにしています。だが、必ず下院の多数党の首領が国王の命で首相に選ばれる英国と日本は違っているとして、

——しかるに日本では、右の憲法は閥族官僚に利用され、彼らの好む者を首相にあげる手

段に供された。のみならず軍部は、陸、海軍大臣を現役大、中将に限る制度を悪用し、ほしいままに内閣を倒し、あるいは作る横暴を働いた。ここにおいて政党は、いかに議会に多数を制しても、軍閥官僚の好意を得なければ、政権に近づくことが出来なかった。日本の政党が、民主主義の本道を踏みはずし、軍閥官僚に取り入り、政策以外の政争に、互いにうき身をやつしたゆえんであった。日本国を滅ぼさんとしたものは、かくて、その禍根をさぐれば、明治憲法そのものにあったといえる。――

これが戦前の議会政治に対する総括です。明治憲法の構造的欠陥によって日本は民主主義の本道を歩むことができず、日本を滅ぼした、と言うのです。

では、新憲法についてどう語っているかと言うと、

――歴代の保守党政府が次々に憲法を空文化してきたので、今日では憲法擁護があたかも社会党の専売特許のごとき観を呈しているが、あの憲法は実は保守党の先輩たる幣原喜重郎氏によって打ち出されたものである。（略）

今日では世界唯一のこの憲法が、最も現実的な意義をもってながめられようとするに至った。幣原氏は「私は今は夢想家として笑われようが、百年後にはきっと予言者になる」とい

われたが、百年を待たずしてそれは夢ではなくなり、逆に戦争の方がばかげた空想の世界へ逃避しようとしているのである。──

これは『朝日新聞』の1960年8月8日・9日号に湛山が書いたものですが、冒頭の引用でみたように幣原が全権委員として参加したワシントン会議（1921〜22年）の成功のために全力で論陣を張り、幣原外交の精神を湛山が引き継ぎ、幣原・湛山の精神が日本国憲法に流れ込んでいることがよく分かると思います。

湛山の「日中米ソ平和同盟」の提唱の末尾は、「日本はかねて自由主義国として、米国を先頭としてその指揮下に立った国であるが……日本小なりといえども、理に従い義によって人類のため自ら是を是とし非を非とし、行動することを声明すべきである。非には従わぬ、これこそわが国の立場である」です。

「理に従い義によって人類のために自ら是を是とし非を非とし、行動する」とは何と深く心に刻まれる言葉でしょう。

石橋湛山のような政治家を、しかも総理大臣を私たちは持ったということ、ある種、奇跡ともいうべき幸運を、大日本主義が大きな流れとなってきたいまの時代だからこそ、しっかりと伝えなければならないと思います。

第5章　山口淑子さんの責任認識

山口淑子（李香蘭）の体験とアジアへの向き合い方

山口淑子さん、戦前名の李香蘭さんの方を知っている方が多いかもしれません。山口淑子参議院議員が政治活動を退かれたのは１９９２年（平成4年）でした。

私が国会へ行く4年前ですから、国会でお会いしたことはないのですが、一度だけ、彼女を近くで見たことがあります。私がまだ中日新聞社にいた時のこと。上司と中国に出張した際、上海空港の待合室に、一人で入っていかれる彼女を10メートルぐらい離れたところから、お見かけしたことがあります。その時は、彼女の背負ったものをまだ深くは知らなかった時でした。いま思うと、なぜ声をかけさせていただかなかったのかと後悔しています。

そして、山口淑子さんのことは折にふれて頭に浮かびます。日本と中国との関係を考える時に、彼女が残した足跡は大変に大きいものがあるからです。それは決してプラスの面だけではありません、特に戦前は一世風靡した美人映画女優として国籍を偽って国策映画に数多く出演したことなど。

しかし、日本人離れしたその国際的な活動域の広さ、絶望的な状況を乗り切って行く意志(例えば敗戦直後、李香蘭は漢奸として「銃殺刑確定」と中国紙に書かれた)。そして、政治家となってからの取り組んだ国際的なテーマ、とくに慰安婦問題への献身的な取り組みなど、どうしても「アジアにこだわる」私としては取り上げたい人なのです。

私の年齢では、山口淑子さんが女優として活躍した時代とは離れすぎていて、銀幕で彼女を見た記憶はありません。

しかし、彼女が94歳で亡くなる15年前の1999年(平成11年)にNHKの「世界・わが心の旅『李香蘭　遥かなる旅路』」という番組で彼女の歩んだ人生を知って、大変考えさせられました。彼女が少女時代、撫順女学校に通っていた12歳の時。山口淑子さんは当時住んでいた住居から、見下ろしたあることを番組では彼女に語らせます。それは、中国人が木に縛られ、憲兵に激しく殴られ、血を流していることを見たことの衝撃でした。

『日経新聞』に連載した「私の履歴書」を本にした『「李香蘭」を生きて』(日本経済新聞社)では、そのことが次のように書かれています。

——昭和六年(1931年)九月十八日、関東軍は奉天郊外柳条湖の満鉄路線を爆破した。そのうえで、当時満州地方の実権を握っていた張学良軍の仕業と称して軍を進め、日中両軍が衝突した。満州事変である。この事件から関東軍の満州支配が本格化する。私の前半生を翻弄する十五年戦争は、こうして私が暮らす町の目と鼻の先で始まった。

「満州国」建国から半年後の翌年九月十五日夜のことだった。眠っていた私と弟妹《きょうだい》たちは母親に起こされた。父は外出の支度をしているところだった。夜中だというのに人と車がひっきりなしに行き交い、騒然としている。父が慌ただしく出かけた家の中で、母は私や幼い弟妹たちを両腕で抱きかかえて不安に耐えながらじっとしていた。外で何が起きているのか、母にもわからない。ただ尋常でない事態であることは子供の私にものみ込めた。

窓に赤いシルエットが揺れていた。すき間からのぞくと撫順炭鉱の方が燃えている。私はその火に照らされた暗い空が朝日に染まるまで、まんじりともしなかった。

窓を開けたら実業会館（商工会議所）の庭。やがてそこに後ろ手に縛られた中国人が憲兵たちに連れて来られた。苦力《クーリー》と呼ばれていた労働者のリーダーらしいその中国人は、木に縛られ憲兵に訊問を受けているようだったが、何を聞かれても答えない。ふと、憲兵が小銃を握り変え、台じりで男の額を激しく殴った。がっくりと首を垂れた男の額から真っ赤な血がどくどくと流れ出た。憲兵たちに引きずられて行く中国人は、ぴくりとも動かない。

満州事変に抗議する武装勢力が撫順炭鉱を襲い日本人職員六、七人を殺害し放火した。その手引きをしたと疑われた平頂山村の住民を日本軍が機関銃で無差別に射殺、油で焼いたうえ、ダイナマイトで土砂の下に埋めた。私がみた血は戦後になって明らかにされた「平頂山事件」へと連なるそれだった。

あれから七十年以上の時が流れたというのに、私の瞼《まぶた》には窓ガラスを染めた炎の鮮やかな赤、中国人の額から流れた真っ赤な血の色が、まるで歴史の刻印のように焼き付いて消えない。――

満州事変、平頂山事件

国会議員になってから私は戦後補償問題の解決のために、アジアを度々訪れました。山口淑子さんが書いている「平頂山事件」の虐殺現場にはいま平頂山殉難同胞記念館や殉難同胞記念碑が建てられています。私は二度そちらを訪れ、平頂山事件を生きのびた方からお話しをお聞きしました。

撫順炭鉱はかって「東洋一」と呼ばれた世界でも有数の規模の炭鉱でした。当初は日本陸軍が管理し、その後満鉄（南満州鉄道株式会社）が引き継いでいました。事件が起きた１９３０年代初期、撫順には日本人が約１万８０００人、朝鮮人は約４０００人住んでいて、中国人は約45万人ほどだったようです。日本人１万８０００人のうち満鉄の社員・家族は１万人と、満鉄にとって、撫順炭鉱の石炭がいかに大きな比重を持っていたか、富の源泉であったかが分かります。

山口淑子さんの父親は撫順の満鉄社員に中国語や中国事情を教えていました。

平頂山事件の起きた日付に注意してください。満州事変を関東軍が謀略によって起こしたのが1931年9月18日、その1周年の直前9月15日深夜に中国側によって攻撃事件があり、日本側に5人の死者が出ました。その報復として、攻撃隊が通った村を「徹底的に殺しつくし、焼きつくす」（独立守備隊川上精一中隊長）方針を示し、平頂山の住民を崖下に追い立てて重軽機関銃の掃射で殺害しました。殺されたのは一般住民3000人と言われます。その後、ダイナマイトで崖を崩し、土砂で死体の山を覆い隠します。

しかし、このような隠蔽工作にかかわらず、2か月後には中国国内の新聞各紙がこの虐殺事件を報じ、11月24日には国際連盟の理事会で中国政府は日本を非難します。当初、日本政府は全面否認し、「虚偽報道であり、皇軍の名誉を毀損する」としていましたが、国際的にこれが通じなくなると「非正規軍と共産党員2000人」であり、住民虐殺はなかったという説明文書を国際連盟事務総長に提出し、この見解はいまも日本政府によって正式には改められていません。

少し詳しく「平頂山事件」を紹介したのは、満州事変が一体どのような事態を中国東北部に生んだのか、当時の日本軍部、日本政府は自分たちが行ったことをまず隠蔽をしようとし、それがかなわなくなると、虚偽の報告を国際機関に行っていくという卑劣な姿勢がよくわかると思うからです。

満州事変が与えた影響を私たちは対中国のことと限定的に思いがちですが、実はもっともっと大きいのです。第一世界大戦と第二次世界大戦の間を「戦間期」と呼びますが、1918年11月〜1939年9月のわずか21年間しかありません。

1931年の満州事変までの世界は、国際機関をつくり、戦争放棄、軍縮を実現するために世界が知恵をしぼろうとした時期でした。第一次世界大戦のあまりに凄まじい被害に、新しい国際的な枠組みをつくり戦争を防ごうとします。それが1920年の国際連盟であり、1921年のワシントン軍縮会議、1929年に発効するパリ不戦条約、1930年のロンドン軍縮会議だったわけです。しかし、第一次大戦でヨーロッパから遠い極東でドイツの権益を奪い、ヨーロッパ戦線での毒ガスに代表される近代戦争の悲惨さをきちんと学ばなかった日本は、この国際協調の大切さを理解していませんでした。

こういった国際協調の流れを一転させ、対立と軍拡、武力侵略の時代へと転換してしまったものこそ、1931年の満州事変でした。

1933年（昭和8年）、日本は国際連盟が満州国を不承認したことを不満として国際連盟を脱退、1935年（昭和10年）ドイツのヒトラーは徴兵制による再軍備を宣言、満州事変に学んだというイタリアのムッソリーニはエチオピア侵略を行いました。こうして世界は再び世界大戦へと転落していきます。

第一次大戦に増して非人道的な兵器開発が行われ、その最終的兵器がマンハッタン計画と呼ばれるアメリカの原子爆弾の開発でした。日本は蚤によるペストなど細菌戦用の開発、国際条約に違反した毒ガスの大量使用（あの小津安二郎監督も対中国戦で毒ガス部隊にいました）、そして731部隊による生体実験など。

山口淑子さんの「李香蘭　遥かなる旅路」に戻ります。この番組のハイライトは、幼なじみであり、李香蘭の命の恩人である亡命白系ロシアのユダヤ人、リュバ・モノソフィ・グリーネッツさんと53年ぶりにロシア・エカテリンブルクで再会したことでした。彼女がリュバと知り合ったのは小学校6年のとき、リュバに声楽を勧められ、それが李香蘭（山口淑子）としての歌手デビューにつながります。

そのリュバが奉天から忽然と消え、次に再会したのは1945年（昭和20年）の6月上海でのリサイタルのとき。そして敗戦。壁新聞には日本関係の漢奸として「李香蘭、川島芳子、東京ローズ」と書かれ、軟禁されます。罪状は中国人女優として日本人の若者に恋する役を演じて中国に屈辱を与えたこと。

それを救ったのがリュバで、北京の彼女の両親を訪ね、日本人であることを証明する戸籍謄本を人形の帯に挟み、上海の李香蘭に届けます。

1946年（昭和21年）2月、軍事法廷で「日本人であることが証明され漢奸容疑は晴れた。よって無罪」という判決を受けますが、その後に「が、倫理上、道義上の問題が残っている。李香蘭という中国人の名前で『支那の夜』などの映画に出演したのがいけない」という裁判長の言葉がつけ加わりました。

李香蘭から山口淑子へ

私はこの倫理上、道義上の問題を背負って、李香蘭から山口淑子へと変わっていったのだと思います。

そのことを少し理解出来たかなと思ったのは四方田犬彦さんの『李香蘭と原節子』（岩波現代文庫）で、80歳の山口淑子さんが四方田さんに語っていることに出会ったからです。

――山口淑子はわたしを前に語った。

「その人はわたしに会うと、『李香蘭さん、あなたが『支那の夜』でもっていた桃の花は、あれは造花でしたですよね』と、いきなりいったのです。わたしが何のことだかわからなくて、何もいえないでいると、その人は、実は自分は蘇州で撮影が行なわれているとき、それをずっと観ていたのですと、いったのです」(略)

その人はなんでも教会の牧師さんの娘だったそうです。住んでいたのは京城から南に行った海の近くの町でした。その日は友だちといっしょに新しい洋服を買ってもらったというので、うれしそうに街角を歩いていたのですが、いきなり巡査に連行され、大勢の女たちがいるところに収容させられたというのです。一六か一七のころですね。そのまま家に帰らせてもらえず、大連まで汽車に乗せられ、そこから船で上海に行かされると、しばらくは陸軍病院で日本兵の血に汚れた包帯を洗う作業ばかりさせられた。その後、蘇州の慰安所に送られ、将校専属の慰安婦にさせられた。抵抗すると、日本刀で斬り付けられて血だらけになりました。

それでも監視の兵隊とはいつしか親しく口を利くようになるのですね。あるとき親しくなった慰安所付きの兵隊が、おい、今日は休みだ、近くで映画の撮影をしているから連れていってやろうというので、出かけてみた。すると、李香蘭さん、あなたが桃の枝をもって長谷川一夫と話している場面をちょうど撮影しているところだったのです。わたしは撮影を、大勢の群衆の後ろの方からじっと見ていました。それはあなたが長谷川一夫のために桃の枝を折って手渡すという場面でした。けれども時期が時期で、桃の花はすでに散ってしまい、どこにも咲いていない。しかたがないので誰かがその場で桃の花を造花で拵えて、準備をしているのです。黒山の人だかりのなかで、たまたまわたしがいる近くで、その人がせっせと造花を作っているのを、わたしはずっと眺めていました。それは本当に偶然に与えられた休みの日の出来ごとだったのです。

山口淑子はここまで語ると少し間を置いて、いくぶん強い調子でいった。「年だってほとんど違わないのに、同じ場所に居合わせている一人がスターで、もう一人が慰安婦だなんて、どうしてこんなことがありえたのでしょう。わたしはその人のことをついこないだまで、何も知らなかった。けれどもその人はわたしのことを、ずっと考えていたのです。あのときの桃の花が造花だったということを。わたしが戦争を憎むのは、このためです」

彼女はわたしに向かって、自分が「アジア女性基金」の設立者の一人であり、明日はそのことで村山元総理に会わなければいけないといった。——

四方田犬彦さんは、スター李香蘭と朝鮮人慰安婦に共通していたのは、敗戦を迎え、帝国主義的侵略行為に終止符を打たれた時、ともに自分の本来の姓名に戻ることを許されたということではないかと指摘しています。李香蘭は日本軍に従順な「善良な支那人」の役から解放されて、山口淑子という本名に。朝鮮人従軍慰安婦は日本軍への苛酷な性的奉仕から解放されて、創氏改名で喪われた朝鮮名に復帰できるようになったと。

本名に戻った山口淑子さんの活躍を政治面にしぼって簡単にみておきます。

1974年（昭和49年）に田中角栄首相から請われ参議院選に出て、全国区で当選。外務委員会に所属、伊東正義のＡＡ（アジア・アフリカ）研に入り、自民党訪朝団として何度か北朝鮮を訪問。環境庁政務次官となり、環境問題訪中団、日本パレスチナ友好議連に参加、同議連がアラファトＰＬＯ議長を日本に招く。反アパルトヘイト議連事務局長としてネルソン・マンデラを日本に招く。地球環境を守る女性国会議員、「アジアの平和と女性の役割」シンポの呼びかけなどの活動を行って、1992年（平成4年）政治活動から引退。

1992年、中国政府の正式招待で「ミュージカル李香蘭」が北京、長春、瀋陽、大連の四都市で巡演されました。

山口淑子さんの政治家としての取り組みは、外交、環境と私と重なるところ大ですし、北朝鮮や中国を訪れ、アジアの平和と女性の役割を重視していたことなど、本当に良い仕事をされています。

それというのも、戦前の自分のやったことに対する倫理的、道義的な責任意識にしっかりと裏付けられていたからではないかと思います。


さて、テレビ番組「李香蘭　遥かな旅路」はリュバとの別れを映しますが、「私の履歴書」はリュバとこの時に交わした衝撃的な事実で終わります。


——リュバは夫と息子に先立たれていた。夫の墓前で声をあげて泣いた。私も泣いた。短い再会のときは過ぎた。帰国の時間だ。空港に車で向かった。車中でも私たちをカメラとマイクが追う。車が止まった。私は何気なく「お兄さんはどうしたの?」と尋ねた。カメラが離れた一瞬、リュバがささやいた。

「ナナサンイチブタイを知ってる?」その言葉だけは日本語だった。

生きた人間をモルモットにして生物化学兵器の研究をした七三一部隊のこと?　まさか、あのお兄さんが七三一部隊の犠牲に?　嘘でしょ。違うと言って!

帰国する飛行機がウラル山脈の上空を飛んでいるとき、私はリュバと話し合ったことをメモした。いま、それをひもとくと「アブラハム　背の高いハンサムなお兄さん……日本軍…

…暗殺」という文字が残っている。

本当にお兄さんは日本軍に命を奪われたの？

リュバは沈黙したまま、その翌年の九月二十四日に逝った。答えてくれる人はもういない。

問いは虚空をさまよっている。――


私たちがアジアと向き合うとき、李香蘭・山口淑子さんが背負った責任意識の何分の一かでも自分に課そうとすれば、その関係は変わっていくに違いないと私は信じています。

第6章　私たちは何を忘れてはいけないか

記憶を父とし、記録を母とする

私が尊敬する作家で昭和史研究家の保阪正康さんは、「記憶と父とし、記録を母として、教訓（あるいは知恵）という子を生み、そして育てて次代に託していく」と話されます。本当にその通りだと私は思います。「記憶を父とし、記録を母とする」こと、これが過去の歴史と向き合う時の基本だと、こころに刻み込んでいます。

まず、「記録」について私が関心を持ち活動してきたことから書きます。

いま、見てきたように李香蘭は上海の新聞に「銃殺刑」と書かれながら、何故軍事法廷で無罪判決をえることができたのでしょうか。その理由は、幼友だちのリュバがロシア人という戦勝国人であることを利用し北京の李香蘭の両親からガリ版刷りの戸籍謄本を預かり、日本人だということを証明したからでした。

しかし、李香蘭は「日本と中国の戸籍制度は違う。問題は写真が張られているわけでもない鉄筆書きの紙切れが、裁判長にどこまで信用してもらえるかだった。川喜多さんはそのことを考えて事前に詳しく日本の戸籍制度と謄本の意味を裁判長に説明してくれていた」と「私の履歴書」に日本人の証明ができるかどうかについて不安だったことを書いています。

しかし、どんな紙切れであろうと、戸籍謄本は公文書です。ですから彼女は日本人であることを証明できました。

しかし、この公文書を日本は組織的にというよりも１９４５年８月14日の閣議決定で焼却する決定を行います。その理由は、先に引いたポツダム宣言の10項です。後半は「日本国国民の間における民主主義的傾向の復活強化」を妨げてはならないというものですが、その前段は戦争犯罪について言及しています。

「吾等は、日本人を民族として奴隷化せんとし又は国民として滅亡せしめんとするの意図を有するものに非ざるも、吾等の俘虜を虐待せる者を含む一切の戦争犯罪人に対しては厳重なる処罰を加へらるべし。」

ポツダム宣言を受諾するということを連合国側に内々に伝えたのは１９４５年８月10日でした。ですから、アジア各国の１９４５年８月の映像を見ると、皆10日の夜から、「日本から解放された」人びとが熱狂している様子が映っています。

この日付はとても重要ですから頭に残しておいていただきたいと思います。

正式なポツダム受諾、日本の敗戦は8月15日の正午の玉音放送で日本と日本軍が展開していた戦地に知らされます。正式な敗戦は9月2日の戦艦ミズーリ号での降伏文書の調印となります。

日本の当時の支配者層は「戦犯を厳重に処罰する」というポツダム宣言に恐怖したのだと思います。8月14日から、役所や軍関係の建物から関係書類、公文書をドラム缶で燃やす煙が東京の上空を覆いました。

作家の近藤富枝さんが「私の8月15日」というNHKのインタビューでこう語っていたことを忘れることができません。当時、NHKのアナウンサーだった彼女は愛宕山のNHKで玉音放送が無事終了（昨年の戦後70年に本木雅弘らが出演してリメイクされた『日本のいちばん長い日』で若い人も知るようになったと思いますが、狂信的な若手将校による、玉音放送用のレコードを奪取し、本土決戦へと導こうとした叛乱があり、8月14日から15日にかけてNHKは大変な状況にありました）後、霞が関の官庁街に来ると、官庁の庭で書類を燃やす煙がもうもうと一帯に立ち登っていたと語っていたのです。

保阪正康さんは『安倍首相の「歴史観」を問う』（講談社）で、このことを以下のように書いています。

――昭和二十年の八月十四日、閣議が、あるいは軍人機構の会議が、戦争に関する史料を一切燃やせという命令を自治体の末端にまで出しました。

八月十四日の夜から十五日にかけて、アメリカは日本をあまり爆撃しませんでした。日本がポツダム宣言を受け入れて降伏するということは内々にアメリカに伝えられていましたが、それが無線できれいに流れるように、という配慮がありました。あるいは最後の降伏の準備に入っている日本を爆撃するのは忍びないとして、夜間爆撃の地はそれほど多かったわけではありません。もちろん偵察機は数多く飛んできていました。その偵察機が基地へ帰っての報告で、「われわれは何も爆撃していない地でも、日本の全国いたるところから火の手が上がっている。あれはなぜだ」と言うんです。それは史料を燃やしていたんですね。「史料を燃やすように」との命令を文書で残すとまずいから、役場の職員が自転車で走り回って指示を出し、徹底的に燃やしました。

この事実を調べることも大事なわけです。なぜ燃やしたのでしょうか。日本はポツダム宣言を受け入れて降伏したわけですけど、その第十項に、この戦争を起した指導者たちを戦争犯罪人として裁くという一項があるんです。それを恐れた軍事指導者たちは史料を燃やせと命じた。

ひとつはここに問題がある。彼ら軍事指導者が、自分たちの進めた戦争は敗戦となったけれど、次の世代に史料を残して判断してもらおう、我々の戦争指導の方針は間違っていたか否かを検証してもらおうという、歴史に生きる覚悟があったら、決して燃やさなかったはずです。ところが彼らは、我が身の安泰のためだけに燃やしてしまった。

これは後世の人がどう判断してもいいと、責任放棄したという何よりの証拠ですね。アメリカは実際に日本に入ってきて、驚いていました。あらゆる史料や記録文書を燃やしているわけですから。

しかし、アメリカは昭和二十年九月から何千人もの調査員を送り込んで調べます。長野県のある村にはこういう文書が残っていた、鹿児島県のある郡にはこういった史料が残っていた、と集めていきます。——

書類ト共ニ焼却投棄

アメリカが見つけ出した史料、長野県のある村の文書が以下です。

かつて「スパイ大作戦」というアメリカのＴＶ番組がありましたね（これの映画版はトム・クルーズの「ミッション・インポッシブル」シリーズです）。指令がエージェントに届きますが「なおこのテープは自動的に消滅する」と言って、指令が消えてしまう。子どもでしたが、この言葉は記憶に強く残っています。

日本政府、軍部はまるで「スパイ大作戦」のように証拠を残さないように指示を出していることが、次に掲げる文書によって良く分かります。

総兵用号外

昭和二十年八月十八日

松筑地方事務所長

各町村長殿

機密重要書類焼却ノ件

各種機密書類、物動関係書類、其ノ他国力判定ノ基トナル如キ数字アル文書（統計印刷物等）並ニ之等台帳等ハ此際ハ速ニ焼却シ特ニ保存アルモノハ所轄官庁ニ打合ノ上陰徳（ママ）スル等適宜ノ措置ヲ講ゼラレ度

尚本件ニ関シ貴管内中等学校、国民学校等ニモ適宜ノ方法ニ依リ周知セシタルト共ニ本文書ハ前記書類ト共ニ焼却投棄ノ度

二〇総兵甲号外
昭和二十年八月二十一日
松筑地方事務所長

各市長村長殿

大東亜戦争関連ポスター類焼却ノ件

先ニ機密重要書類焼却ニ関シ通牒致置候〇今回同趣旨ニ依リ標記ポスター類焼却方ニ関シ兼ヨリ通達ノ次第モ有之候條至急措置相成度

尚本件ニ関シ貴管内中等学校国民学校、各種団体等ニモ適宜ノ方法ニ依リ通達セラレルルト共ニ本文書ハ焼却相成度

この二つの文書は現在松本市文書館にあります。二つともに「本文書ハ前記書類ト共ニ焼却投棄」という指示がありますが、何かの事情で残されたので私たちはこのような証拠隠滅工作の存在を知ることが出来るわけです。でも、全国の自治体の首長あてに出されたこうした文書で残されているのは唯一これだけです。

この例を見ると、公文書だけではなく、戦争関連ポスターに至るまでが徹底廃棄されたこ

とが分かりますし、日付は8月18日と21日と敗戦の直後です。敗戦という未曽有の事態のなか、市町村長への指示がポスターにいたるまで証拠の焼却投棄とは、何と情けないことか、と私は心の底から思います。しかし、この情けなさを知ることができるのも、こうした公権力の網の目から抜け落ちた文書が存在しているからこそです。

これが末端組織の実態だとして、では、閣議決定についてはどうでしょう。

立憲フォーラムの仲間の神本美恵子参議院議員がこの問題について質問主意書を出されています。戦後70年を迎える直前の昨2015年7月29日です。

この質問主意書に対し8月7日、安倍内閣の答弁書を出しました。質問主意書の答弁書は閣議を経た政府の公式見解です。

8月14日閣議への質問主意書

以下10項目の神本議員の質問は太字の1～10、それへの答弁は（答弁書（答））です。

1945年8月14日の閣議に関する質問主意書

参議院議員　神本美恵子

今年は戦後70年ということで様々な歴史的検証が行われている。歴史を構成するのは、一つは記憶であり、もう一つは記録である。戦争を体験した人が減少する一方で、記録の重要性はこれ以後も増すことはあっても減少することはない。

記録の第一のものは国家の持つものである。国家の統治行為、命令などを誰が、いつ、どのように発したかは極めて重要な歴史資料である。戦後70年を経てなお続いている近隣諸国との歴史認識の溝を埋め、共通認識を得るために最重要な記録である。そこで質問する。

1　1945年8月14日の閣議（以下「本件閣議」という。）の内容、出席した閣僚名、場所、時刻を明らかにされたい。

（答弁書）お尋ねの昭和二十年八月十四日の閣議で決定した案件としては、現在確認できる範囲では、詔書案（終戦の詔書案）、内閣告諭、塩ノ専売ニ関スル事務ノ委譲ニ関スル件、詔書喚発ニ際シ恩赦奏請ノ件、軍其他ノ保有スル軍需用保有物資資材ノ緊急処分ノ件、外地、満州及支那ニ所在スル生産設備等ニ対シ破壊行為ヲ厳禁スル件及び外務省所管赤十字国際委員会特別寄附金第二予備金ヨリ支出ノ件がある。

また、お尋ねの「出席した閣僚名、場所、時刻」については、資料を確認することができず、お答えすることは困難である。

2　本件閣議決定の内容はどのように実行に移されたか、明らかにされたい。
（答）お尋ねの「本件閣議決定の内容」が具体的に何を指すのか必ずしも明らかではなく、お答えすることは困難である。

3　１９４５年7月26日に出された「ポツダム宣言」は第10項で「吾等ノ俘虜ヲ虐待セル者ヲ含ム一切ノ戦争犯罪人ニ対シテハ厳重ナル処罰加ヘラルヘシ」としているが、この項目の内容と本件閣議の関連について明らかにされたい。
（答）お尋ねの「本件閣議」が具体的に何を指すのか必ずしも明らかではなく、お答えすることは困難である。

4　１９４５年8月15日以前から、軍部、政府関係機関では公文書の焼却が大量に何日間も行われたが、この焼却行為の法的な根拠を示されたい。
（答）お尋ねの「焼却行為の法的根拠」について、調査した限りでは、政府内に確認することができる記録が見当たらないことから、お答えすることは困難である。

5　政府は１９４５年8月18日に各市町村長に宛て「機密重要書類類焼却ノ件」を、8月

21日に「大東亜戦争関係ポスター類焼却ノ件」という通達を出した。この通達の法的根拠をそれぞれ示されたい。

（答）お尋ねの「焼却行為の法的根拠」について、調査した限りでは、政府内に確認することができる記録が見当たらないことから、お答えすることは困難である。

6　「機密重要書類焼却ノ件」と「大東亜戦争関係ポスター類焼却ノ件」の二つ通達は、通達そのものの棄却までも命じている。このような組織的な証拠隠滅行為を国家が行うことをどのように判断すればよいか、政府の見解を明らかにされたい。

（答）5と同じ

7　本件閣議及び前記5の通達について、これまで国会で議論されたことがあるか否か、あった場合はその内容につき、政府の承知するところを示されたい。

（答）お尋ねの「本件閣議」が具体的に何を指すのか必ずしも明らかではないが、お尋ねの各市町村長に宛てた「機密重要書類焼却ノ件」及び「大東亜戦争関係ポスター類焼却ノ件」について、国会において言及がなされているものとしては、現在確認できる範囲では、平成二十五年十二月五日の参議院国家安全保障に関する特別委員会における質疑があると承知している。

8　極東国際軍事裁判では、本件閣議決定に関する言及がなされたか否か、政府の承知するところを示されたい。

(答)　お尋ねの「本件閣議決定」及び「各種通達」が具体的に何を指すのか必ずしも明らかではなく、お尋ねについてお答えすることは困難である。

9　これまで政府は、戦後倍賞問題や戦時・戦後補償問題で各国と交渉した際、本件閣議決定や各種通達について各国に説明したことがあるか否かを示されたい。

(答)　8と同じ

10　本件閣議決定とそれによる行為は近代国家として許されざる卑怯・卑劣なことである。また、当時の軍事・政治指導者が自分たちが裁かれるのを防ぐため政策決定の重要資料を全て焼却するというのは、その時代の国民に対して責任を負うつもりがないこと、さらに、歴史上の判断を仰ぐ意思もないことを示している。戦後70年の今、これらをどう評価、判断するのか、政府の見解を明らかにされたい。

（答）お尋ねの「本件閣議決定とそれによる行為」が具体的に何を指すのか必ずしも明らかではないが、「当時の軍事・政治指導者が自分たちが裁かれるのを防ぐため政策決定の重要資料を全て焼却」したことについては、調査した限りでは、政府内に事実関係を把握することができる資料が確認できないことから、お尋ねについて一概にお答えすることは困難である。

以上が質問主意書とその答弁書ですが、証拠を全て焼却する決定を行い、その事実と根拠を示せと迫られると「政府内に事実関係を把握する資料が確認できない」と答弁して済まそうとする政府の姿勢は大いに問題です。

しかも史料・資料の廃棄は行政や軍事分野に止まらず、学術論文にまで広く求められていたのです。

第2章で、宮崎市定さんの「東洋史の上の日本」を引用しましたが、この論文が収録されている『アジア史論』（中公クラシックス）の礪波護さんの解説に「戦時中に文部省で『国史概説』の姉妹編として、日本人のみならず大東亜共栄圏の人々にも読ませるべき『大東亜史概説』の編纂が始まり……宮崎が担当したのは古代から十世紀までの時代であったが、完成前に敗戦を迎え、戦争責任の追及から逃れるために原稿の破棄が文部省筋から求められた。

しかし宮崎は焼却せず、中間原稿を大事に保存していたのである」とあります。満州事変以降15年間も事変という名の戦争を続け、日本人３００万人以上、アジアでは２０００万人ともいわれる被害者を出すということを行いながら、国会意志の最高決定機関である閣議の内容すら残すことのできない国家とは一体何でしょうか？

李香蘭さんは戸籍という公文書によって助かりましたが、公文書を焼却するというのは関係した人びと、歴史への犯罪行為そのものではないでしょうか？

「恒久平和議連」の活動

私は国会へ出てから戦後補償の問題解決にも取り組んできました。国家賠償を求める裁判や解決のために新たな立法を求めるなど、その要求もさまざまありましたし、テーマは戦時性的強制被害者の問題から、重慶などへの戦略爆撃、７３１部隊の被害者救済、遺棄化学兵器や毒ガス、強制連行や強制徴用、強制連行された方たちの遺骨の収集と返還、中国に残され共産軍と戦わされた「蟻の兵隊」たち、そして60万人を超すシベリア抑留者、朝鮮・韓国人のＢＣ級裁判被害者、中国残留孤児問題など、本当に多岐にわたっています。先に触れた平頂山の虐殺もそうでした。

個々の問題解決は大変重要なのですが、同時に大切なのは「記録」をきちんと保存し、だれでもが、いつの時代にも利用できるものにしておくということではないか、と私は考えています。

そうした考えを共通のものとする議員によって「恒久平和のために真相究明法の成立をめざす議員連盟（恒久平和議連）」が１９９８年（平成10年）９月につくられました。呼びかけ人は鯨岡兵衛、土井たか子、鳩山由紀夫、浜四津敏子、そして私が尊敬する武村正義の五人の議員。党派を超えてリベラルな歴史に真摯に向き合うべきだと考えてきた方たちが呼びかけ、初代会長は鳩山由紀夫・浜四津敏子両議員でした。発足時、私は幹事でしたが、初代幹事長の田中甲議員、二代目幹事長の石毛鍈子議員に次いで三代目幹事長をしました。

この議連の目的は「今次の大戦及びこれに先立つ今世紀の一定の時期において我が国の関与によりもたらされた惨禍の実態を明らかにすることにより、その実態について我が国民の認識を深めるとともに、アジア地域の諸国民を始めとする世界の諸国民との信頼関係の醸成を図り、もって我が国の国際社会に名誉ある地位の保持及び恒久平和の実現に資する」ことで、具体的には国立国会図書館法の一部を改正して国会図書館のなかに恒久平和調査局を設けようというものです。

この議連には超党派の三ケタの議員が入り、１９９９年1月に浜四津会長が参議院本会議で当時の小渕恵三総理に、この問題で質問をしました。２００2年7月の衆議院の図書館小委員会の懇談会では、以下のように法案の趣旨説明を田中甲議連幹事長がしています。

——恒久平和調査局の調査内容は、満州事変から戦争終結の調印までを戦前戦中期とし、昭和六年九月十八日から昭和二十年九月二日までの期間と定めており、調査内容は以下の七項目になります。

第一に大戦に至る我が国の社会経済情勢の変化、また国際情勢の変化等、原因の解明に資する事項。

第二に日本政府や旧軍が関与した旧植民地、占領地の住民に対する徴用、就労実態に関する事項。

第三に旧軍が関与した女性に対する性的強制の実態に関する事項。

第四に旧軍による生物兵器及び化学兵器の開発、使用及び遺棄の実態に関する事項。

第五に日本政府や旧軍が関与したその他の非人道的行為に関する事項。

第六に日本人を含む生命身体財産に生じた損害の実態に関する事項。

第七に被害者に対して我が国が取った措置に関する事項であります。

調査に従事する職員は三十名、予算は平年度で二億五千万円を予定。――

1999年に初めて国会へ提出した同法案は、与党の反対で廃案になるということを繰り返します。三野党が四度目となる同法案を共同提案した2006年5月、21日の『東京新聞』の「論説室から」というコラムは、この法案を「隠れた重要法案だ」と報じたこともありました。

私は戦後補償に関連して韓国や中国の被害当事者や弁護士などと話し合う機会を重ねながらつくづく思うのは、被害と加害との関係を解きほぐす手立ては難しいものがあるけれど、何より大切なのは「認識の共通の土俵」をつくる努力であり、それは加害側がより積極的に行うべきだということでした。

その際、開戦の経緯や内外の戦争被害などについて「事実に裏付けられた真相究明」を行政とは異なる立場で権威ある立法府の国会が行い（国立国会図書館は国会に属しています）、客観的で実証的で信頼できる報告をまとめれば、近隣諸国との共通認識づくりに積極的な役割を果たすことになるという思いが、恒久平和議連を支え続けたのです。

そうして、もし恒久平和局が国立国会図書館につくられ、調査と報告が続けられ、蓄積され、それをインターネットによって日本だけでなく、アジア近隣諸国のジャーナリストや研究者、市民が活用できていたら、東アジアの和解と未来へ、とても大きな力となったに違いありません。

また、憎悪や排外主義を助長する在特会（在日特権を許さない市民の会）などの動きを抑制する力となったに違いありません。その意味で「国立国会図書館法」の改正を実現できなかったことはとても残念です。

安倍首相のポツダム宣言理解

「記憶」は時間によって風化するだけでなく、体験者の誰もが鬼籍に入っていくという限界があります。では「記録」はどうでしょうか。これまで、やったこと、あったことをないことにしてしまおうとする政府の権力犯罪を問題にしましたが、「記録」を正しく認識していないリーダーを持った不幸について書いておきます。

私が代表をしている「立憲フォーラム」は昨２０１５年5月から「戦争法案」を葬ろうという趣旨の集会を毎週木曜に開催しましたが、「安倍首相とポツダム宣言」についてお二人のゲストが問題だと発言されました。——憲法学者の第一人者である樋口陽一東大名誉教授と保阪正康さん——お二人が怒ったのは安倍首相がかつて「ポツダム宣言は原爆投下後に出された」と発言したことに対してでした。普段は紳士的な樋口さんが「不真面目さの最たるもの」と激しく批判された姿に圧倒され、保阪さんは「私は腰が抜けそうになった」と発言されたのです。

その発言とは、2005年の『Voice』という雑誌の7月号で当時の安倍自民党幹事長代理が葛西敬之東海旅客鉄道会長との対談で、次のように語ったことです。

「ポツダム宣言というのは、アメリカが原子爆弾を二発も落として日本に大変な惨状を与えたあと、『どうだ』とばかり叩きつけたものです」

昨年の通常国会で安倍首相は「ポツダム宣言をつまびらかには読んでいない」と答弁して大問題になりましたが、ここでの問題は、読んだか読んでないかではなく、安倍という人はポツダム宣言がいつ発せられたかについて、とんでもない誤解というか誤認をしていることです。

これはとても奇妙です。日本の戦後はポツダム宣言の受諾回答から始まっています。「戦後レジームからの脱却」を高々と掲げてきた安倍首相が、戦後のスタート地点を誤認しているなんて本当に情けないと思います。

というのは、ポツダム宣言が出されたのが7月26日なのか、ヒロシマ・ナガサキへの原爆投下後の8月10日以降なのかという認識の落差はとてつもなく大きいのです。そのことを以下で確かめていただきたいと思います。

1945年夏の敗戦に至る時系列は次のようなことでした。

1945年7月16日アメリカ原爆実験に成功。26日トルーマン米大統領ら対日ポツダム宣言発表。28日鈴木首相、ポツダム宣言黙殺・戦争邁進の談話。

8月6日広島に原爆投下。8日ソ連、対日宣戦布告。9日長崎に原爆投下。14日御前会議、ポツダム宣言受諾を決定、連合国へ申し入れ。15日天皇「終戦」の詔書放送。9月2日、日本ミズーリ号上で降伏文書に調印。

ポツダム宣言が出されてから日本が受諾するまで20日間かかったのですが、その間、2発の原爆を投下され、ソ連軍が旧満州などに雪崩込み、満州開拓団などは死の逃避行を強いられました。60万人以上のシベリア抑留もこれが原因でした。国体護持、つまり天皇制の存続に拘って受諾判断が遅れるなかで生まれた悲劇的な事態で、私が関わった戦後補償の多くの課題がこの間に生まれたのです。

ポツダム宣言が2発の原爆を落とした後に「どうだ」と叩きつけたと根本的に誤った認識をもち、その後も修正をしていない安倍首相には、アジアの、日本の人びとがこの渦中で味わった苦しみも犠牲も分かるわけがないのです。

沖縄返還時の日米密約

もうひとつ、「記録」について私たちが忘れてはならないのは、沖縄返還時の日米密約です。これは、政府が意図的に隠してきたケースと言えます。

第三次佐藤内閣の1971年、日米間で結ばれた沖縄返還協定に際し、「アメリカが地権者に支払う土地現状復旧費用400万ドル（時価で約12億円）を日本政府がアメリカに秘密裏に支払う」密約を毎日新聞社の西山記者がスクープしますが、日本国政府（自民党政権）は2010年まで密約を否定し続けたのです。

もう一方の当時者である米国では密約の存在を示す文書は機密解除され、アメリカ国立公文書記録管理局で公文書として閲覧可能なのです。

さらに、国是（国会決議）として非核三原則「核兵器を持たず、作らず、持ち込ませず」を持つ日本国は「他国から核兵器を持ち込ませない」とし、佐藤栄作首相は、それでノーベル平和賞を受賞しています。

しかし、佐藤首相の密使を務めたとされる若泉敬氏は「1969年（昭和44年）11月に佐藤・ニクソン会談後の共同声明の背後で、有事の場合は沖縄への核持ち込みを日本が事実上認めるという秘密協定に署名した」と、1994年に著書『他策ナカリシヲ信ゼムト欲ス』（文藝春秋）で証言しました。

2007年には、信夫隆司・日本大学教授による調査によってアメリカ国立公文書管理記録局で機密解除された公文書から、大統領補佐官ヘンリー・キッシンジャーによる日米首脳会談のためニクソン宛に作成した、核密約締結手順を記載したメモそのものが発見されています。

日本でもこのことを裏付けるものが発見されています。日米首脳会談はニクソン大統領と佐藤首相がウエストウィング・オーバルルーム隣の「書斎」とみられる小部屋で2人きりで署名され、議事録は公開されていませんでしたが、2009年12月22日、合意議事録の現物が佐藤邸で発見されたのです。当時の密約文書そのものが確認されたにも関わらず、外務省は引継ぎがされた形跡がないという理由から日本政府として米国政府と密約したことは確認できないと結論づけていました。

しかし、政権交代によって外務省の厚い壁は破られました。2009年9月16日に鳩山由紀夫内閣の岡田克也外務大臣は、密約について調査した結果、当時の外務省調査委員会は明文化された密約文書はないとしながらも、広義の密約があったとは結論づけたからです。

いま見てきたように組織的な証拠隠滅を図り、口をぬぐう政府、密約を交わし、相手国が公文書で確認をしても公的に認めない外交当事者の不誠実さ、基礎的な事実さえも認識せず、その過ちを訂正することもなく居直るリーダー。

そして安倍政権はいま、「由《よ》らしむべし知《し》らしむべからず」の傾向を一層強めています。特定秘密に指定され、その秘密指定期限が切れたものであっても、首相が延長を指定すれば永久に公開しなくてもいいという「特定秘密保護法」を強行採決し、この間の安保関連法（「戦争法」）では、これだけの歴史的な政策転換を行いながら、それを検証しようとすると、内閣法制局の内部文書まで非開示にしています。

また、ＴＰＰ交渉の経過は全面墨で塗りつぶしたペーパーしか提出しようとしません。軍事国家への傾斜を強める安倍政権は、国民の知る権利を置きざりにして、検証不能なブラックボックスの領域を拡大しています。

情報公開法や公文書管理法を活用し「知る権利」を拡大させなくてはなりません。国家秘密の少ない社会は非軍事であることを忘れないようにしたいものです。そして、民主主義社会にとって最も重要なことは、「記録は決して権力者のものではなく人類の共通財産であり、未来の人たちのもの」だということ、そのことを私たち政治家はとことん認識すべきです。

石橋湛山や幣原喜重郎の依拠しようとした道徳の力を、私たちはいま一度思い起こさなくてはならないと思います。

第7章　アジアの可能性

日中貿易は日米貿易の約三倍

いまから95年前の1921年（大正10年）、石橋湛山は『東洋経済新報』に「大日本主義の幻想」という社説を書いたことを、第4章で紹介しました。

要約すると、当時日本が植民地にし、勢力圏としていた朝鮮・台湾・樺太と満州との経済関係とアメリカ・イギリス・インドとのそれを比較し、貿易額では朝鮮・台湾・関東州三地を合わせ9億円ほどで、アメリカ一国との14億4千万円に遠く及ばないことを指摘し、「経済的自立ということをいうならば、米国こそ、インドこそ、英国こそ、我が経済的自立の欠くべからざるもの」と主張しました。

そして、速やかに朝鮮・台湾を解放し、支那・露国に対して平和主義を取り、彼らの道徳的後援を得ることこそ賢明な策だとの論を張ったのです。

この時、石橋湛山は数値をあげて、日本が進むべき方向を当時の「大日本主義」の大勢に抗して反論したわけです。

私もここでは同じことをしてみようと思います。しかし、その方向は真逆です。アメリカに依存するのではなく、中国・韓国・台湾などの貿易実勢に沿った生き方を日本は選択すべきだということになります。

まず、現在の日本の貿易について見てみましょう。カッコ内はシェアです。

2014年、日本から輸出している国の上位10か国は、①アメリカ（18・7）②中国（18・3）③韓国（7・5）④台湾（5・8）⑤香港（5・5）⑥タイ（4・5）⑦シンガポール（3・1）⑧ドイツ（2・8）⑨インドネシア（2・1）⑩オーストラリア（2・1）となります。エリア別ではアジアが54・1％と断トツのシェアで、EUは10・4％となります。

これを24年前の1990年と比較するとその変化の大きさに改めて驚かされます。まず、アメリカの1位は変わりませんが、シェアは31・5もありました。ドイツが2位で6・2、イギリスが6位で3・8とヨーロッパの国々が上位にあります。そして中国はベスト10にも入っていません。ですから、アジア全体のシェアは31・1％にすぎませんでした。

日本の輸出地域は圧倒的にアジアへと移っていることは一目瞭然です。

では、日本が輸入している国々はどう変わったでしょうか。2014年の上位10か国を同様に見てみましょう。

①中国（22・3）②アメリカ（8・8）③オーストラリア（5・9）④サウジアラビア（5・8）⑤アラブ首長国連邦（5・1）⑥韓国（4・1）⑦マレーシア（3・6）⑧インドネシア（3・2）⑨ロシア（3・1）⑩台湾（3・0）となります。

輸入は原油のシェアが大きいため、輸出とは国の顔ぶれが少し変わりますが、アジアのシェアは45・0％あり、中東の18・4％、EUの9・5％を上回ります。

これを1990年と比較するとやはりアメリカと中国の変化が大きいです。アメリカは1990年に22・4％で第1位だったのが、2014年には8・8％の第2位になっています。他方、中国は1990年に5・1％の第4位だったのが2014年には22・3％で断トツのトップになっているのです。

これを一言でまとめると、2014年の貿易総額は日米間が2009億ドル、一方日中間は5907億ドルとなり、日米間貿易の約3倍となっています。日米貿易が1に対し日中貿易は3、ということの意味を考えなくてはなりません。

次に世界の港湾取扱貨物量のランキングを見ましょう。港湾の取扱貨物量を見ると物流がどう変わっているかが分かります。資料は国土交通省港湾局です。

まず、１９９８年の総取扱貨物量の多い港上位10をあげます。

①シンガポール②ロッテルダム③サウスルイジアナ④香港⑤上海⑥千葉⑦ヒューストン⑧蔚山《ウルサン》⑨名古屋⑩ニューヨーク、となります。日本の港が千葉、名古屋と入っていますが、横浜が12位、神戸が14位でした。アメリカは３つの港が入っていて、オランダのロッテルダムが２位と物流は欧米が中心になっていたことが分かります。

これが15年後の２０１３年にはどうなったでしょうか。以下10位まで。

①上海②シンガポール③天津④広州⑤青島⑥ロッテルダム⑦寧波《ニンボウ》⑧ポートヘッドランド(豪)⑨大連⑩釜山、となります。日本とアメリカはゼロ。私の地元の名古屋がかろうじて15位です。この上位10位中、中国の港は①、③、④、⑤、⑦、⑨となんと６つの港を数えます。ヨーロッパは唯一ロッテルダムだけで、６位です。

コンテナ取扱貨物でも２００３年と２０１３年の取扱個数を見ると、全世界は２・２倍に増加していますが、アジアが２・４倍で全世界の約半分を占めます。これに対し日本は１・３倍にしか増えておらず、アジア(韓国、中国、香港、台湾、タイ、フィリピン、マレーシア、シンガポール、インドネシア)の経済の活性化の中、ひとり立ち遅れています。

港湾取扱貨物、コンテナ取扱貨物の双方とも物流の中心が欧米世界からアジア世界へと劇的に転移しているわけです。

では生産物はどうなっているかを大まかにあげると、モノの総量の3分の2はアジアで作られています。

貿易についても全体でみると、物流の3分の2がアジアの港湾で運送され、荷揚げされ、消費地へ運ばれます。そのうちの半分、世界の総量の4割近くが、アジア域内の相互交易なのです。この域内交易、対北米交易、対EU交易を合わせるとアジアの港湾を通じた総取引は世界総物流の4分の3、70％以上に上ります。

物流の流れを一言でいえば、太平洋港湾の空洞化、そして東アジア地域の日本海物流の時代になっているのです。

「アジア力」の世紀

進藤榮一国際アジア共同学会会長（筑波大学名誉教授）は、21世紀は「アジア力の世紀」と命名しています。そのポイントは、21世紀には中国やインド等の個々の国が発展し、世界を引っ張っていくのではなく、アジア諸国が相互に連関しあって一体となって、「アジア力」を形成しながら世界全体を牽引していくことだということです。私たちは「アジア力の世紀」のとば口にいるということ、これが、私たちの立ち位置に対する最も大切で基本的な現状認識だと主張されています。

時代の変化の最も根っこにある「西から東へ」の転移という現実を見据えることが、すべての出発の前提になるというわけです。

では、それはどんな可能性、ポテンシャルを持っているのか、もう少しデータを示します。

まず、2020年の世界経済の成長を見ます。データはみずほ総合研究所の「内外経済の中期見通し」（2015年7月）に依っています。

世界のGDP成長率は3・8％（2014年は3・4％）ですが、アメリカは2・0％（同2・4％）、ユーロ圏1・4％（同0・9％）、日本1・6％（同▲0・1％）と先進国は現在とあまり変わらない成長率です。

これに対し中国6・2％（同7・4％）、インド8・2％（同7・1％）、ASEAN5は4・9％（同4・6％）と高い成長率が見込まれていて、アジア全体は6・1％（同6・4％）となっています。

この結果、2020年代半ばにはGDPの規模で、米中逆転の可能性もあるとされています。2014年と2025年の世界経済でのGDPのウェート比較によると、アメリカ22・5（2014）→21・3（2025）、中国13・4→21・5、ユーロ圏17・3→11・2、日6・0→3・9、ASEAN5は2・7→4・6、インド2・7→4・2、と予測されています。

日本は2025年にはASEAN5とインドに抜かれています。

2015年~2020年までの5年間の高成長ランキングはインドの7・6%を筆頭に7位のインドネシア5・7%まで、2位のイラク6・9%を除く6か国がアジアで、インド、バングラデシュ、中国、フィリピン、ベトナム、インドネシアの順です。

また、2015年~2020年間のアジア圏（東アジア・東南アジア・南アジア・中央アジア・太平洋諸島）のインフラ投資必要額は14兆ドル（1750兆円）に上る見通しです。

以上のような予測数値を見るだけで、アジアのポテンシャルがどれほど高いかが分かりますし、これを「アジア力」として、地域の面の力とすると21世紀の主役はまさしくアジアであると言い切って良いと思います。

例えば2000年以降著しい経済発展をとげたブラジル、ロシア、インド、中国の4か国をBRICs（ブリックス）と呼びますが、IMFが2016年1月に出した世界経済のGDP実質成長率は2015年のブラジルは▲3・8%、ロシア▲3・7%、2016年はブラジルが▲3・5%、ロシア▲1・0%。一方、インドは2015年が7・3%で2016年は7・5%、中国は6・9%と6・3%と予測されています。

BRICsの4か国の中でも、アジアだけが突出しているのが分かると思います。

もう一つのデータをあげます。ＩＭＦのデータによる２０１５年のアジアの一人あたりＧＤＰです。

①マカオ＝６９、３０９ドル、②シンガポール＝５６、２８７ドル、③香港＝４２、３９０ドル、④日本＝３２、４８６ドル、⑤ブルネイ＝２８、２３７ドル、⑥韓国＝２７、１９５ドル、⑦台湾＝２２、２８８ドル、です。日本はアジアで4位（世界では26位）で、決してアジアの先頭に立っているわけではありません。日本の優位は絶対的ではないということです。

東アジア共同体

アジア力を個々ではなく、地域の力とするとなれば、ＥＵのような共同体を構想するということになります。

随分早くに東アジア共同体を提案されたのは、ノーベル賞に最も近いと評された元ロンドン大学の故森嶋通夫教授でした。15年前の２００１年に森嶋先生は『日本にできることは何か――東アジア共同体を提案する』（岩波書店）を出版されました。同書で私が印象に残ったことは二つ。まず、過去の歴史問題です。これについてはとても楽観的です。

——東アジア圏には障害が存在する。第一は最近の過去の（したがって現存の人口に強い影響を残している）経験が中国と日本で非常に違っている。中国では文化革命が存在したが、それは内輪の問題であった。これに対し、中日戦争では一方が被害者、他方が加害者の立場にあった。これは加害者に対する憎悪を、被害者の間に当然引き起こす。しかしこの問題はいったん共同体が成立するならば、共同体内での協力によって漸次消滅すると考えてよいだろう。問題は、この加害―被害関係にもかかわらず、中国と日本が共同体をつくる気になれるかどうかである。これは主として両国の国民の決断にかかるが、私は比較的楽観している。なぜならば、フランスとドイツも同じような関係にあったのだが、にもかかわらず、あるいはそれ故に、両国は共同体設立に最も熱心であったという事実をわれわれは見ているからである。——

もう一点は、東アジア共同体（ＥＡＣ）をつくる際の首都は那覇がふさわしいと言及している部分です。ＥＵはベルギーのブリュッセルに首都を置いていますが、ＥＵと同様にＥＡＣの首都を大国に置いてはならないとして、那覇をあげているのです。アメリカの軍事基地との関係ではなく、アジアとの関係で沖縄を位置づけ直すということは、とても重要な視点だと思います。

ここでも石橋湛山が関係します。２００1年に那覇で、湛山が「自由主義」の旗を守り抜いたあの東洋経済新報社が、「東アジア共同体は必要か」をテーマにした国際会議を主催したのです。

その那覇に鳩山由紀夫元首相が東アジア共同体研究所を設立したのは２０１3年3月のことです。第1章で書きましたが、細川政権時代に官邸に武村正義官房長官を訪ねた際、副官房長官の鳩山さんにお会いしてから、長い間指導していただきました。

その鳩山さんが「首相在任中に提唱しながら果たすことが出来なかった『東アジア共同体の実現と、それを通じての『友愛の精神』に基づく世界平和の達成に残りの人生を捧げることを決意して」つくったのがこの研究所です。

東アジア共同体研究所が２０１4年5月に那覇市で開催した開設記念シンポジウムは冊子『東アジア共同体と沖縄の未来』（花伝社）にまとめられています。そこでの進藤榮一筑波大名誉教授の「東アジア共同体の中で琉球沖縄を考える」という講演が、とても分かりやすく、その流れと課題を話されています。

――今や必要性とか可能性とかいったコトバで、東アジア共同体構想を語ることがほとんどありません。東アジア共同体を作るべきだという議論は、もう終わりました。むしろ、どうすれば東アジアの地域協力の制度化を進めることができるのか。あるいは、その制度化はどこまで来ているのか、東アジア地域統合、つまり共同体構築の進展を妨げているものは何であり、それをどう除去していくことができるのか、といった形で議論されるようになりました。（略）

いったい、一方で東アジア共同体は死んだといわれながら、他方で東アジア共同体形成につながる動きが実際に進展し続けるのはなぜでしょうか。——

このように一方で消えてしまったと言われ、他方で実際に進展する「東アジア共同体」をめぐる一見矛盾した現象を解き明かすというのが講演のテーマです。非常に説得力を持つと私が思うのは、東アジアで国家を超えた共同体を促したきっかけはカジノ資本主義（略奪的資本主義）によるアジア通貨危機だったという指摘です。

——雨露をしのぐことができ、時に台風や嵐からも守ることができる家の骨格を作らなければだめだ、と考え始めます。

そのきっかけが、一九九七年から九八年にかけて勃発したアジア通貨危機です。一九九七年七月二日、ちょうど大英帝国が九九年間の植民地統治を終わらせて、香港を中国本土に返還したその日をねらい打ちするかのように、米欧の機関投資家、ヘッジファンドが動き始めます。タイの通貨バーツを大量に買い続けた後で、それを一気に売り浴びせます。タイガーファンドやソロスたちが、バーツの売りと買いを繰り返して、巨額の富を稼ぎ出したのです。バーツ以外にも、韓国ウォン、インドネシアルピー、フィリピンペソと、同じ手口を同時に繰り返しました。各国は、自国通貨の急落を防ぐために、自国が持っている外貨、つまりドルで、自国通貨を買い支えようとしますが、支え続けるだけの十分なドルを持ち合わせていません。そのため、ＩＭＦ（国際通貨基金）や世界銀行、アジア通貨基金に、外貨貸出しの救援を頼んだのです。

しかし世銀や、アジア開銀はいろいろな注文や条件を付けてドルを貸し渋りました。（略）いわばアジア通貨危機を契機に、アメリカ流のカジノ資本主義のリスクが、成長するアジア市場をめがけて、襲いかかってきたのです。東アジア各国は、まさに共通のリスクを手にする訳です。――

こうしたことが米韓ＦＴＡ（自由貿易協定）に繋がり、韓国経済のアメリカ化とでもいうような、目をおおいたくなる現在の状況をつくった理由です。

共同体の方は金大中韓国大統領などが主導してＡＳＥＡＮ＋３の首脳会議が毎年開催され、

日本にも中曽根元首相が会長をつとめる東アジア共同体評議会がつくられます。具体的にはカジノ資本主義のリスクに対応するため、通貨の共通融資規模が当初の800億ドルから2400億ドルにまで拡大され、さらに域内でのコメ不足に対応する東アジア緊急コメ備蓄システムや出没する海賊取り締まりのため共通対策に乗り出します。

ASEAN10か国に日中韓、インド、オーストラリア、ニュージーランドを加えた域内自由貿易体制の基本形がつくられ、2008年からは日中韓サミットの仕組みなど20世紀末から2010年にかけて、地域統合の歩みは着実に進みました。

そして、進藤榮一さんは鳩山民主党政権の果たした役割を次のように評価します。

——特に民主党鳩山政権下でのリーダーシップが特筆すべきです。実際、同政権下で、日中韓三国協議機関が、国際機関としてソウルに設立されました。また日中韓三国の拠点大学院が、相互単位互換して、交流と理解を深め合う「キャンパスアジア」の仕組みもできて、動き始めました。これは、欧州の学生や教師が相互交流を盛んにして、統合を深化させるきっかけとなった、エラスムス構想に倣ったものです。

さらに、福田政権時代に合意しながら凍結状態にあった、尖閣近くの東アジア海海域におけるガス田共同開発計画が、鳩山政権最後の日々に、鳩山・温家宝会談で再確認され、その実行に向けて事務レベル協議に入ることになりました。
また二〇〇七年から二〇〇八年にかけての餃子事件のような輸入加工食品の汚染問題を相互に処理し防止する、食品安全イニシアティヴも、鳩山・温家宝間で取り決められました。まさに二一世紀日本が、アジアとともにアジアの中で生きる基本的な枠組みが、この時期着実につくり上げられていました。――

東アジア共同体は一気に冬の季節に

こうして東アジア共同体構築の種がまかれ、実をつけ始めたのに、一気に冬の季節を迎えてしまいます。

アメリカが、ＲＣＥＰ（東アジア包括的経済連携――ＡＳＥＡＮと日中韓、インド、オーストラリア、ニュージーランドの16か国。２０１２年8月に枠組み合意）形成の動きを中断させ、アジアに楔を打ち込んで、豊かなアジア市場に食い込もうとしたことが理由で、普天間基地返還問題、ＴＰＰ、尖閣問題が対立要因となりました。

ここでナオミ・クラインの書いた『ショック・ドクトリン』（岩波書店）とＴＰＰに関するステグリッツ・コロンビア大教授のことばを見ましょう。

私たちはカジノ資本主義の戦略を知らなければなりません。ショック・ドクトリンとは

「惨事便乗型資本主義」と言われ、災害を利用して大規模な民営化を導入する、あるいはウォール街が大儲けする、いわば新しい手法です。

ショックであればよいので、天災であろうが人災であろうが問いません。アイスランドの首相が辞任に追い込まれるなど「パナマ文書」は俄かに世界を揺るがしているわけですが、これもその一種だという分析が多々出ています。

『ショック・ドクトリン』は次のように言っています。

――1990年代初頭、自由貿易推進派が論争の相手を説得するのに持ち出すのは、決まって「アジアの虎」の成功例だった。これらのアジア諸国が飛躍的な経済成長を遂げたのは門戸を広く開け、規制なきグローバリゼーションに参加したからだ、と彼らは主張した。アジア諸国が猛烈なスピードで発展していたのは事実で、成功例として持ち出すには好都合だったものの、その理由が自由貿易にあるというのは作り話であり、事実ではない。（略）

「アジアの虎」諸国から古いやり方や習慣を一掃したあと、シカゴ方式による国家の再生が図られる。基幹サービス事業の民営化、中央銀行の独立化、労働市場の〝柔軟化〟、社会支出の削減、そしてもちろん完全な自由貿易の実現である。ＩＭＦとの新たな合意によって、タイでは外国人による銀行の株式保有率の制限が引き上げられ、インドネシアでは食料補助金がカットされ、韓国では大量解雇を禁止する労働者法が撤廃されることになった。これらの要請は、アジア企業を買収するにあたって徹底的なスリム化を断行したい欧米の多くの多国籍企業にとって不可欠だった。――

こうして、アジアではわずか2年間に2400万人が職を失ったのです。

つい最近の国会で、政府はTPPの交渉の記録を黒塗り（「海苔弁」）でしか示さず、野党からの大きな批判を浴びていますが、問題の本質はどこにあるのでしょうか。

来日したジョセフ・ステグリッツ米コロンビア大学教授は3月16日官邸で安倍首相に対し「TPPは自由貿易協定（Free Trade Agreement）だというが、それなら3頁ですむ話なに、何と6000頁。誰も全部を読みこなしていないだろう。オバマ大統領は、21世紀の世界のルールは中国に書かせず、アメリカが書くと言ったが、多国籍企業のロビイストが書いているだけのことで、大企業に都合よく書いている。特許等知的財産のルールが問題である。特に薬の問題が大きく、安いジェネリックができないようになっている。大きな製薬会社の利益が増えるようになっている」と述べるとともに、アメリカもTPPは批准しないので、日本も止めるようにアドバイスしているのです。

あらゆる機会をとらえ、あるいは故意に危機をつくり出して利益を得ようとする多国籍企業、そしてウォール街と「東アジア共同体」の利害相反の構造的関係を押さえておかなければなりません。

進藤榮一さんは私たちに次のように問います。「東アジア共同体の夢を捨てて、再びアジアで戦争する国へと日本を逆戻りさせるのか？　アジア地域統合の果実を投げ捨て、再び「脱亜入欧」の領土争奪ゲームの世界に立ち戻るのを、座視しているのか」と。

日中間の環境保護の取り組み

いいえ、これを座視していて良いわけがありません。

東アジアの環境と平和ということに絞って私の考えを述べ、あわせてアジアに背を向け、TPPや武器輸出や原発輸出に邁進する安倍政権の経済政策について批判したいと思います。

私は民主党政権で環境副大臣を務めました。

その経験から、環境を切り口にした対アジア、対中国の関係について触れます。

その前に、多くの方が誤解している対中ODAについて書いておきます。対中ODAの多くは有償資金協力であり、中国は利子を含めきちんと返済してきています。付け加えれば、日中国交正常化に当たって、中国は日本への賠償請求を放棄している事実を私たちは知っておくべきだと思います。

日中間で共同して取り組み、日本が協力してきた環境問題はさまざまな分野に及び、いろいろな合意文書をこれまで交わしてきています

1994年に首脳間で日中環境保護協力協定を交わし、包括的な法的文書としてはこれが唯一で、この文書に基づき日中環境保護合同委員会が設置され、そこで環境省の審議官クラスが意見交換を行っています。

温家宝総理が来日した2007年に環境保護協力の強化に関する共同声明を出しています。他にも環境大臣の合意文書があります。お互いの利益に関係する事業を共同でやっていこうというコベネフィット研究とモデル事業の協力実施が2007年に交わされ、2011年に更新されました。

大きなものでは気候温暖化を含めた環境問題があります。大気の問題もあり、これは健康問題にもかかわってきます。中国はCO_2排出が世界1位。CO_2の排出が日本にも大きな影響を与えています。

北京には日中友好環境保全センターがあります。1988年に竹下元総理と李鵬元総理との間で合意して設立され、しばらく空白があったようですが、現在は環境省の職員と日本人

の専門家が常駐しています。

気候変動対策についての日中低炭素社会共同研究委員会は２０１１年6月に設けられ、日中低炭素社会フォーラム２０１１が開かれています。日本政府、地方自治体、企業、約２５０人の学生が参加し、日中で低炭素社会をどのようにつくっていくかが論議されました。

世界で人口が増える中で食糧問題、あるいは水の問題が出ています。日本は環境面における技術、水の浄化、濾過する技術、あるいは食糧に関する技術、このような先進的な技術、さまざまな技術によって世界にアジアに協力と貢献ができるのです。

日中の共同トキ保護計画があります。日中共同トキ保護計画が２００３年に交わされ、これが２０１０年に更新されています。

日本のトキは中国の陝西省洋県の辺りに生息しているトキを借り受けてきて交配させたもので、いま三代目です。この4月には、野生下で生まれたトキ同士による「純野生」のヒナ確認を環境省が発表しました。この分かりやすいトキを使って、中国の洋県の子どもたちと日本の佐渡島の子どもたちにも交流してもらう、次世代の人たちが交流するということを私が環境副大臣の時にやりました。

環境副大臣の時歓迎されたものに分散型排水処理モデル事業協力があります。農村地域における排水処理をどうするかという問題についての協力です。お金のかかるものではなく、わりと単純だけれども中国側が持っていなかった技術、高い費用ではなくても排水処理が進むというモデル事業でした。この事業を２００８年に進め、２００９年には環境協力の一層の進化に関する覚書を交わしました。

都市間の協力もあります。川崎市と瀋陽市の「環境にやさしい都市構築に関わる協力」です。

環境に関する普及・教育等に関わる協力があります。中国での環境教育の普及・啓発に関することにも協力していきますというような、農村地域等におけるアンモニア性窒素等総量削減モデル事業協力もあります。子どもたち、青少年への環境問題についての環境読本への協力もあります。

副大臣になってからは、私は水俣病の問題も担当していました。日本は経済発展とともに公害などの課題が出てきたので、中国の人たちはそのことについて注意してほしいし、そういう場面で日本が協力出来ることはいつでもやるからと中国側に伝えました。

私は環境副大臣の時に3回訪中しました。中国の南方のほうで重金属汚染の広がっているところがあり、これへの協力をぜひと言われ、まずフォーラムを設けました。日本側からも重金属汚染対策をする企業に参加してもらい、シンポジウムを開きました。日本が民間企業、政府として重金属汚染にどう対応してきたのかという情報を提供しました。

日中が協力しあう環境問題のすそ野は大変に広いのですが、大都市部の大気汚染など、中国が抱えるこの問題解決は待ったなしです。

国連憲章の前文には「共同の利益を目指してお互いの幸せのために協力していこう」とあります。地球と命を守るために、より積極的な協力を行って、着実な信頼関係をつくる、その際に環境という切り口は大変有効だと思います。

孫正義さんのアジアスーパーグリッドに共感

脱原発へと踏み切り、東アジアでクリーン・エネルギーのネットワークをつくることに情熱を燃やしてきたソフトバンクの孫正義会長は、4月1日の入社式で新入社員に次のように述べました。私はとても共感を覚えました。

――東日本大震災後、原発に代わるエネルギーは何かと私なりに考えた結果、再生可能エネルギーにたどり着き、風力、水力、太陽光という自然の力でエネルギーを起こせたら良いのではないかと思いました。アジアスーパーグリッドを構想しました。

モンゴルの風で発電し、インドでは太陽光で発電し、これを日本に持ってくれば良いのではないかと構想しました。4年前は笑われましたが、一昨日、中国、韓国、ロシアの電力会社、そしてソフトバンクグループとで、電力網に関する覚書を調印。4年間かけて、事業の採算性を調査して、電力網をつなぐことを前提に計画することで合意しました。私は電気に関しては素人ですが、福島での原発事故を受けて、何とかしようと思いました。その思いがアジアスーパーグリッド構想に結びついたのです。

そして、私が皆さんに一つだけ言いたいこと、それは、強い思いを持つことが大事だということです。強ければ強いほど良いと思います。その思いが自分の欲望を満たす程度のものでは続きません。多くの人々に幸せになってもらいたい、苦しみを和らげたいという思いがあれば多少の困難も乗り越えられると思います。――

こうした構想力と強い思いが、日本を、東アジアを変え、そして緊密化するのだと思います。

東アジアの平和の問題

もう一つは平和の問題です。私は昨年2015年8月13日、戦後70年を機にソウルで開かれた東アジア国際平和会議（2015International Conference for Peace in East Asia）に参加しました。韓国、日本、中国、アメリカ、イギリス、ドイツ、リベリアなどから98名の学者、ジャーナリスト、作家、国会議員、宗教者が集まり、レイ・ボウイ氏とメリード・マグワイア氏の二人のノーベル平和賞受賞者も参加しました。

そこで発表された「東アジア平和宣言」には、この地域での平和の実現に向けた取り組みの基本が織り込まれていると思いますので、そのポイントを書きます。

まず、前文では「２０１５年は、世界がドイツのナチズムと日本の軍国主義による侵略戦争、植民地支配から解放されて70年に当たる年である。また人類に未曽有の大惨禍をもたらした原子爆弾が初めて投下されて70年に当たる年でもある」と書き出され、「東アジアは、過去70年間続けられた戦争と冷戦、ポスト冷戦以降の激変の時代を経て、最も劇的な進歩と発展を成し遂げてきた地域である。しかし東アジアの潜在力と可能性はいま、重大な挑戦に直面している。いまだに終わらぬ戦争と冷戦、新たに強化されている軍備競争がそれである。」、「東アジアの平和を設計する根幹だった日本の平和憲法を改正し軍事大国になることは、決して歓迎されることではない」と指摘しています。

続いて、さまざまに発生し、先鋭化する覇権争いを平和的、互恵的に解決する平和メカニズムがいまだ東アジアに作られていない状況で、軍事的手段や民族主義的情緒の危険性をあげ、第二次世界大戦を教訓化しなければならない、とした後、とても重要なことをあげているので、その部分はそのまま引用します。

――東アジア－太平洋地域は、広島・長崎の原子爆弾（核爆弾）の投下、ビキニ島などでの核実験、そして福島原発事故に至るまで、大規模な核の惨禍を直接的に経験してきた。特に2011年の東日本大震災により発生した福島原発事故は、恐るべき核の災害が核兵器ばかりでなく、周辺の核施設によっても引き起こされ得るということを示している。核兵器のない世界、これ以上核の脅威に恐怖を抱くことのない安全な世界をつくることは、東アジアの人々にとっての念願であり使命でもある。福島第一原子力発電所事故の深刻さを鑑みた場合、原発はあくまで過渡的なエネルギーであり、各国は可能な限り早急に脱原発社会をめざす目標を示さなければならない。――

私が先に環境の部分で言及したように、世界の成長センターとなり、大量のモノと人が行き交う東アジアでの核汚染は、それが核兵器か原発事故を問わずに、致命的な悪影響をもたらすでしょう。人命や健康、大気や海の汚染、人が住む場所の喪失、そして経済・貿易への決定的打撃など。

人口が過密で、経済活動が活発な地域、しかも津波の危険性が常にあり――東日本大震災の7年前、２００4年のスマトラ島沖地震ではインドネシアだけでなく、マレーシア、タイ、ミャンマー、インド、スリランカなどを津波が襲い、死者は20万人を超えました――、地震がいつ起きても不思議ではない地域こそが、東アジアであり東南アジアなのです。

4月14日、16日の夜に発生した熊本地震は広い地域で大変な被害を生んでしまいましたが、日本列島が地震の活性期に入ったのではないかという指摘もあります。川内原発の停止など、3・11東電福島原発事故を真摯に受け止めて人びとの不安を解消する政策を行わなくてはなりません。

ですから一日も早く脱原発社会を実現すべきで、アジアに原発を売りつける安倍政権はこの地域を壊滅させる潜在的な危険性を売りつけようとしているのだと私は思います。

「東アジア平和宣言」の前文の最後はこういうフレーズです。

――東アジアは世界のいかなる地域よりも、大国の影響力が複雑に交錯し軍備競争が激しく展開される最も危険な地域となっている。世界のいかなる地域よりも、核兵器と核の事故が引き起こし得る人道的・生態的災害の脅威に、世界のどの地域よりも尖鋭にさらされている地域でもある。欧州が戦後70年の間、世界の平和と生態を守るための全地球的な運動の中心に立っていたように、これからは東アジアがその任務を担う番である。よって私たちは、東アジアの平和を定着させ、それを通じて人類の平和に貢献するため、以下のように提案する。――

提案は目次だけ紹介します。

・日本の平和憲法9条は東アジアの平和の根幹である。
・朝鮮戦争を終らせることなしに東アジアの平和を創造することはできない。
・朝鮮半島の非核化と「核の安全」は核のない世界へ向かう近道である。
・平和と協力に向け市民社会と女性の役割を高めなければならない。

そして、結語は「新しい東アジアに向けた平和の連帯は既に始まっている。この平和の連帯が「東アジア平和国家共同体」へと発展する日まで行進し続けよう」です。

アジアの平和構築を構想する際、私たちを勇気づけるのはエリゼ条約（独仏協力条約）の成功です。フランスとドイツの対立は１８７０年の普仏戦争、第一次、第二次世界大戦と三度の戦争を結果し、全世界を巻き込みました。

エリゼ条約はフランスのドゴール元大統領と西ドイツ（当時）のアデナウアー元首相が1963年1月、仏大統領府（エリゼ宮）で署名した独仏協力条約のことです。戦後の独仏和解を確認した外交文書で、欧州統合を主導する両国の「特別な関係」の土台となりました。

条約締結当初から、関係を政府間だけでなく国民レベルでも深めようと、独仏間の市民交流にも主眼が置かれてきました。過去50年間の目立った成果として、約800万人にのぼる若者の交流、共通の歴史教科書づくりや、独仏2か国語の放送局（ARTE）の開設などがあります。自治体間の協力も広がりをみせ、姉妹都市提携の数は2200以上にのぼり、こうしたさまざまな形の実りある交流が、両国の社会に深く根付き、今なお両国の協力に活力を与え続けているのです。

1870年の普仏戦争から1945年までのフランスとドイツの憎悪と対立の関係を、見事に友情と共存の関係に転換し、それを揺るぎないものにしたものこそエリゼ条約なのです。

EU誕生の立役者であるフランスの実業家のジャン・モネは「私たちは、国と国とを同盟させるのではない。人と人とを結びつけるのである」と言いました。

私は一日も早く、世界の平和と生態系を守るための全地球的な運動の中心に東アジアがなることを願い、この地域で人と人が結び合うことができるよう、そのための仕事をしていきたいと思います。

11月に住民投票というグアムの記事を読んで

私は沖縄等米軍基地問題議員懇談会の会長を務めています。辺野古への基地の移設は絶対に反対です。沖縄を太平洋、対アメリカの二国間関係から解放し、東アジアの地域の中に開放すべきだと考えてきました。

それを展開しようと思っていたのですが、それをしようとするとどうしても沖縄戦のことなどに触れたくなり相当な分量が必要です。

そこで、私の沖縄についての思いは次の機会に書かせていただくことにして、『琉球新報』が2016年4月2日に報じた「グアム『独立』住民投票　知事発表、11月にも」、「米属領に不満」ということを是非紹介しておきたいと思います。米国グアム準州のグアム政府脱植民地化委員会は、4月1日にグアムの独立などの是非を問う住民投票を11月にも実施することを決めたという記事です。

グアム住民は米大統領選に投票できず、米連邦下院の代表者に議決投票権がない、など「米国の属領」的な地位に住民の不満が募っていたとのことです。

また、グアムには在沖米海兵隊約4000人の移転が決まっていますが、このようなグアムの米軍基地拡大計画にもグアム住民の意志に無関係に、米政府、米連邦議会が決定してきており、先住民のチャモロ人から強い反発があったと伝えています。

住民投票の選択肢は「完全独立」、「自由連合国」、「米国の州」の３つで、「自由連合国」とはパラオ、ミクロネシア連邦、マーシャル諸島のように内政権と外交権は持つが、軍事権は米国が持つという国のことを指します。国連には加盟ができます。

残念ながら全国紙には載っていないと思いますので、知っていただきたいので紹介しましたが、沖縄の住民が辺野古基地に対して何度もＮＯ！の選択をしても無視し、住民の意思を受け止めずに辺野古基地建設を強圧的に進める安倍政権が、いかに現代の政治の流れに逆行しているかを指し示していると思います。

石橋湛山が１９２１年（大正10年）に「朝鮮の独立運動、台湾の議会開設運動、支那およびシベリアの排日は、既にその前途の何なるかを語っておる。吾輩は断言する。これらの運動は、決して警察や、軍隊の干渉圧迫で抑えつけられるものではない。彼らは結局、何らかの形で、自主の満足を得るまでは、その運動をやめはしない。而して彼らは必ずその満足を得るの日を与えらるるであろう」と書いたことが、こうして太平洋の島で生きているのです。

第8章　立憲主義にこだわる

立憲フォーラムを立ち上げる

超党派の議員連盟である立憲フォーラムが結成されたのは２０１３年4月25日でした。この直前に、衆・参議院議員をつとめた私の親友・今野東さんが病気に倒れ、入院した仙台の病院に駆けつけました。面会謝絶だったのですが、病室に入れてもらい、今野さんにいま準備している議連のことを話しました。ちょっと古めいているけれど「立憲フォーラム」という名前を考えていると伝えました。突発性間質性肺炎で苦しそうな呼吸の中、「うん、いい名前だ」と今野さんは返事をしてくれました。

そして、今野東さんは4月24日に帰らぬ人となったのです。

翌日、立憲フォーラムの結成総会が議員会館で開かれ、記念講演は武村正義元新党さきがけ代表（元官房長官）と藤井裕久民主党顧問（元財務大臣）のお二人が話をしてくださいました。

長いこと一緒に活動し、こんこん（近・今）コンビと言われていた今野東さんの遺志を引き継いで、立憲主義に挑戦してきた安倍政権としっかり向き合い闘おうと、この日私は決意を新たにしたのです。

私たちの立憲フォーラムを立ち上げた5か月前に第二次安倍政権が誕生しました。そして、すぐに打ち出してきたのが憲法改正を発議する憲法96条を変えようということでした。いまの衆参両院の3分の2以上の議員の賛成が必要という要件を過半数の賛成でも出来るようにしようという、とんでもない考えです。

これは「憲法は政府・権力を縛るものであるのに、国民を拘束するという転倒した考えで、主権在民という立憲主義の原則を根本的に否定する」ものです。それまではほとんど使われることもなくなっていた「立憲主義」ということば、それにハタキをかけ、ホコリを払って、広く訴えて行かなければならないという深い危機感から出たネーミングでした。

ここに「立憲フォーラム」の設立趣意書の一部を引いて、私たちの立脚する考えを知っていただきたいと思います。

――私たちは「人権の保障を宣言し、権力分立を原理とする統治機構を定めた憲法」を基礎にすえた立憲主義の立場をいま一度確認すべきだと考えます。

憲法とはそもそもどのようなものであるのか、戦後、現憲法がどのような役割を果たしてきたのか、はたして現憲法に追加されるべきことはあるのか、現在語られている96条を抜き出して憲法を「改正」するということの意味するものは何か、といったことを闊達に論議し、立法府の構成員たる議員としての責任を果たしたいと、ここに立憲フォーラムを立ち上げるものです。

既に明らかにされた自民党の憲法改正案は天皇を元首とし、自衛隊を国防軍にかえ、基本的人権を制限できるように「公共の福祉」を「公益及び公の秩序」にすりかえるなど、戦後日本社会の規範・枠組みを根本から変える内容となっています。憲法は政府を縛るのではなく、国民を拘束するものだという考え方は主権在民という立憲主義の原則を根本的に否定するものです。（略）

これらの動きは、憲法改正の是非の立場をこえて、立憲主義そのものの危機であると考えます。

私たちはこうしたさまざまな動向に平和・人権・環境を重視する立場から国会や言論の場で検証と同時に提言を行うために、立憲フォーラムに、是非多くの議員の皆さんの参加をお願いいたします。――

その後、学者を中心とした「立憲デモクラシーの会」（山口二郎法政大教授と樋口陽一東大名誉教授が共同代表）が、そして自治体議員を中心にした「自治体議員立憲ネットワーク」が発足し、立憲の冠をいただく組織がつくられました。

「立憲デモクラシー」は昨年夏から、今年の「市民連合」の発足まで、知的なヘゲモニーを発揮し、大きな影響を及ぼしました。また、私たちと兄弟姉妹関係にある「立憲ネットワーク」は600人をこす超党派の自治体議員が参加、特に沖縄から70名の議員が加わって、沖縄辺野古の問題を地方へ、地方議会へと広げ、自らの課題とするというかつてない力を発揮しています。

私たち「立憲フォーラム」の活動

２０１３年

4月に「立憲フォーラム」発足。96条の先行改憲阻止と特定秘密保護法反対に全力。談話や声明は「異例の内閣法制局長官交代に対して」（8月8日）、「三権分立を否定する憲法違反の特定秘密法の制定に反対する」（10月25日、特定秘密保護法についてはこの後二つの声明と談話）、「安倍総理の靖国神社参拝に抗議する」（12月27日）などを出しました。「96条の先行改憲」に反対する連続講演会など院内集会も活発に行いました。ここでは、私たちのそうした集会に講師として発言していただいた方のお名前をあげます。多様で多彩な発言者を是非知っていただきたいのです。

藤井裕久（元財務大臣・民主党顧問）、武村正義（元官房長官・元さきがけ代表）、田原総一朗（ジャーナリスト）、小林節（慶應義塾大学名誉教授）、半藤一利（作家）、長谷部恭男（96条の会・早稲田大学教授・憲法学者）、千葉眞（96条の会・国際基督教大学教授・西欧政治思想史）、福山洋子（日弁連憲法委員会副委員長）、早田由布子（明日の自由を守る若手弁護士の会事務局長）、井桁大介（自由人権協会（ＪＣＬＵ）理事・弁護士）、水島朝穂（早稲田大学教授）、ジェームス三木（脚本家）、ピーター・バラカン（ブロードキャスター・音楽評論家）、鈴木伶子（平和を実現するキリスト者ネット事務局代表）、村山富市（元首相）、山岸良太（日弁連副会長）、樋口陽一（96条の会代表・東京大学名誉教授）、早田由布子（2回目）、柳澤協二（元内閣官房副長官補）、田原総一朗（2回目）、前田哲男（軍事評論家）、江川紹子（ジャーナリスト）、江藤洋一（日弁連秘密保全法制対策本部本部長代行）、藤原家康（自由人権協会理事・弁護士）、篠田博之（日本ペンクラブ言論表現委員会副委員長）、田島泰彦（上智大学教授）、藤本泰成（平和フォーラム事務局長）、保阪正康（ノンフィクション作家）、田島泰彦（2回目）、黒澤いつき（明日の自由を守る若手弁護士の会共同代表）、日比野敏陽（新聞労連委員長）、篠田博之（2回目）、伊藤和子（ヒューマンライツ・ナウ事務局長・弁護士）、菅俊治（日本労働弁護団事務局長）、昼間範子（日本カトリック正義と平和協議会松浦悟郎会長メッセージ代読）、武田隆雄（日本山妙法寺）

２０１４年

3月に江田五月元参議院議長を団長とする訪米団。「集団的自衛権は違憲」を覆した閣議決定への批判の活動を。
「集団的自衛権の行使容認の閣議決定は許されない」（7月1日）、「２０１４年ノーベル平和賞の発表を受けて」（10月10日）、「特定秘密保護法の『運用基準』の閣議決定に強く抗議する」（10月16日）、「衆議院解散・総選挙にあたって―安倍政権の暴走を止め立憲主義を蘇らせる」（11月21日）などの声明・談話。

院内集会などで発言していただいた方は、
田岡俊次（軍事ジャーナリスト）、立憲フォーラム訪米団メンバー（いずれも参議院議員）：江田五月団長（立憲フォーラム顧問）、藤田幸久（同幹事・国際担当）、江崎孝（同事務局長）、現役新聞記者、北澤俊美（参議院議員・元防衛相）、柳澤協二（元内閣官房副長官補）、高野孟（ジャーナリスト）、孫崎享（元外務省国際情報局長・評論家）、保阪正康（ノンフィクション作家）、半田滋（東京新聞論説・編集委員）

２０１５年

「戦争法案」を葬ろう！　連続木曜集会の開催と「立憲フォーラム通信」の発刊。４月の総会で「集団的自衛権」反対の姿勢を鮮明にし、５月19日から９月24日まで毎週木曜夕方、戦争をさせない１０００人委員会と共催で「戦争法案」を葬ろう！　集会を開きました。また、過剰警備監視国会議員団をつくり、国会前大行動ではタスキがけで監視を行って市民と連帯しました。

主な声明・談話は「憲法を殺させない―戦後70年の憲法記念日の決意」（５月３日）、「与党による安保関連法案の強行採決に抗議し廃案を求める」（７月15日）、「今後の国会周辺での警備に関する要望」（過剰警備監視国会議員団・９月16日）、「平和と立憲主義、国際的信頼を壊す『安保法制』強行採決に抗議する」（９月19日）

連続院内集会などで発言をいただいた方は、

小林節（憲法学者・慶応義塾大学名誉教授）、水島朝穂（早稲田大学教授）、前田哲男（軍

事評論家)、小澤隆一(憲法学者・東京慈恵会医科大学教授)、前田哲男(2回目)、小林節(2回目)、前田哲男(3回目)、半田滋(東京新聞論説・編集委員)、小澤隆一(2回目)、伊藤真(日弁連憲法問題対策本部副本部長)、篠田博之(日本ペンクラブ言論表現委員会副委員長)、樋口陽一(96条の会・東京大学名誉教授)、高野孟(ジャーナリスト)、山岸良太(日弁連憲法問題対策本部本部長代行)、加藤真希(非戦ネット)、西谷修(立憲デモクラシー)、杉浦ひとみ(女の平和ヒューマンチェーン)、武田隆雄(日本山妙法寺)、市来とも子(立憲ネットワーク共同代表)、村山富市(元首相)、ジョルダン・サンド(歴史学者)、中野晃一(上智大学教授)、保阪正康(ノンフィクション作家)、孫崎享(元外務省国際情報局長・評論家)、姜尚中(東京大学名誉教授)、浜矩子(同志社大学大学院教授)、宮崎礼壹(元内閣法制局長官)、間宮陽介(京都大学名誉教授・学者の会)、武井由起子(明日の自由を守る若手弁護士の会・OVERSEAs)、嶋根健二(学生ハンスト実行委員会)、池田香代子(翻訳家)、大倉一美(カトリック神父)、市来とも子(2回目)、山岸良太(2回目)、落合恵子(作家)、山口二郎(法政大学教授・立憲デモクラシーの会共同代表)、黒澤いつき(明日の自由を守る若手弁護士の会共同代表)、山崎龍明(『仏教タイムス』代表)、伊藤和子(非戦ネット・弁護士)、三輪隆(埼玉大学名誉教授・憲法学者)、伊藤真美(いのちと暮らしを脅かす安全保障関連法案に反対する医療・介護・福祉関係の会・花の谷クリニック院

長）、大江京子（改憲問題対策法律家6団体事務局長・弁護士）、内田樹（神戸女学院大学名誉教授）、山口二郎（2回目）、室井佑月（作家）、高野孟（2回目）、山岸良太（3回目）、早田由布子（明日の自由を守る若手弁護士の会事務局長）、中野晃一（2回目）、谷口長世（国際ジャーナリスト）、半田滋（2回目）

２０１６年

立憲主義の旗で衆院補選、参議院選挙を戦う。

「さぁ、安倍政治を終らせよう！」集会を毎月19日に開催しています。

集会で発言していただいたのは、

小林節（憲法学者・慶応大学名誉教授）、本間信和（SEALDs）、白井聡（政治学者・京都精華大学専任講師）、大口幸人（弁護士）、岩上安身（ジャーナリスト・ＩＷＪ代表）

いまあげてきた方々の他に国会議員や戦争をさせない１０００人の弁護士人委員会の方が多数発言されていますが、それは割愛させていただいています。

また、立憲フォーラムが呼びかけて国会前の大集会の際、二度にわたって「過剰警備監視国会議員団」をつくり監視活動を展開しました。もちろん私もタスキをかけて、警備と市民の間に立って監視をしました。不測の事態に備えて、弁護士さんたちによる「見守り弁護団」、医師や看護師さんたちの救護班と連携した安全な抗議行動ができるように努めました。

どういう経過でつくられたかは以下をお読みいただきたいと思います。


――国会周辺での集会・デモが盛んに行われた2015年8月、立憲フォーラムの会議で過剰警備が論議された際、鈴木克昌衆議院議員は「私はあえて議員バッチを外して地下鉄駅から国会へ行こうとしたら警官の対応がとても酷かった」と報告。江田五月参議院議員は「60年安保の時には社会党の国会議員がデモ隊の脇をノボリ旗を持って歩いて警備側を牽制した」という経験を話され、これをきっかけに生まれたのが、立憲フォーラムが呼びかけた「過剰警備監視国会議員団」です。

8月30日と9月14日、参加議員（議連以外にも参加された議員が何人もいました）は白地に目立つように赤い文字で書いたタスキをかけ、2回目はノボリ旗を秘書が持って同行しました。

監視団は国会周辺の医師らによる救護班、「見守り弁護団」と連携し、デモに参加した市民から大きな信頼を得ました。また、この経験から9月16日に監視団26議員名で高橋警視総監あてに「国会正門前の車道を開放すること」などを求めた要望書を出し、警視庁と交渉するなど、表現の自由を守り、不測の事故が起きないよう働きかけました。——

〝議会サイドのパートナー〟立憲フォーラム

さて、私たち「立憲フォーラム」の活動は外側からはどう評価された、されているのでしょうか。何人かからの声を紹介します。

——安倍政権の非立憲政治に抗う憲法学者や政治学者らのグループに参加し行動してきた私にとって、立憲フォーラムは、ずっと一緒に走ってきた議会サイドのパートナーとも言うべき存在です。木曜日の集会、ブックレット、通信は、リベラルな市民とその代表たちの集う「フォーラム」として、かけがえのない役割を果たしています。(略)

学者や法曹関係者のみならず、総がかり行動実行委員会に結実した労働運動の大同団結、そして勇気ある学生や若者たちのSEALDs、安保関連法に反対するママの会、さらにはMiddles、T-nsSOWLなどとさまざまに異なるグループが緩やかな連携を実現し、しなやかで新しい市民運動の広がりを生み、それがさらに市民連合(安保法制の廃止と立憲主義の回復を求める市民連合)の結成へと繋がっています。

ここに議会と市民社会の連動という、もうひとつの大きな特徴があると思います。立憲フォーラムに結集した議員たちの多くはご自身、市民社会から議場へと活躍の場を移した方たちですから、私たちの言葉を議会で発してくれる強い味方です。私たちもまた、立憲フォーラムの議員たちを私たちの代表として支えていきます。（中野晃一・上智大学教授）

――立憲フォーラムは、憲法をないがしろにする安倍政権に対して、２０１３年に、超党派の国会議員で立憲主義の確立をめざして立ち上がり、「１０００人委員会」「総がかり行動実行委員会」など市民運動と連携しながら、民主党など政党を活性化させ、政党と市民団体をつなぎ、安倍自公政権と対抗して、大きな運動を作りあげるため奮闘してきました。

結果として、院内外の共闘を通じて、野党共闘を実現させ、安倍政権を大きく揺さぶり、追い詰めました。確かに２０１５年9月19日、「強行採決」が行われたわけですが、確実に「戦争法廃止・立憲主義確立」への展望を作り出しています。

２０１６年は、勝負の年になります。「１０００人委員会」「総がかり行動実行委員会」は、立憲フォーラム及び野党と共闘し、市民運動の爆発的高揚と選挙闘争で、戦争する国をめざす自公政権に打撃を与えるべく全力で取り組みます。（福山真劫・フォーラム平和・人権・環境　共同代表）

――2012年に公表された自民党憲法改正草案の憲法の理念を蔑ろにする動きに対し、「立憲フォーラム」は立場を超えて連帯を訴え、警鐘を鳴らし続けました。しかしながら、事態は悪化の一途を辿り、集団的自衛権行使容認を内容とする閣議決定がなされ、遂に安保法案が国会に提出されました。この「非立憲」事態を受けて、国会周辺には多くの市民が集結。学者と共に、学生らが立ち上がり、普通の市民十数万人が国会を取り囲みました。

そんな中、市民を委縮させる、警察の過剰警備が横行し始めました。装甲車と警官が市民を取り囲み、威嚇しました。そこに現れたのが、「立憲フォーラム」です。議員の皆さんは「過剰警備監視国会議員団」を結成し、深夜まで国会周辺を歩き廻って市民を守りました。監視弁護は弁護士の役割ですが、国会議員が率先したことは、過剰警備に対する大きな抑制効果となり、市民を大きく勇気づけました。のみならず民主主義を守ったと言えます。

それは取りも直さず、日本の未来を守ることにつながっています。立憲主義の回復のため、まだまだ「立憲フォーラム」への期待は尽きません。（福山洋子・弁護士）

――毎朝、ＩＷＪにも届けられる「立憲フォーラム通信」は事務所のスタッフ間でも共有し、市民集会のお知らせや重要ニュースの抜粋など、日々、参考にしています。度々、ＩＷＪの活動も紹介していただき、感謝しています。

参議院選挙まで、もう5ヶ月を切りました。3分の2の議席を改憲勢力が占めることがあれば必ず改憲の発議が行われます。その時に持ち出されるのは、自民党改憲草案にも書かれている「緊急事態条項」になることは、まず間違いないと思われます。

ＩＷＪでは、これまで「緊急事態条項」の危険性を何よりも強調して訴え続けてきました。現行の憲法秩序を眠らせてしまい、その間に国家の改造手術を行ってしまう企みは、まさしく「ナチスの手口」そのものです。この条項の危うさを、残された時間の中で、できるだけ多くの人に周知すべく、「睡眠薬強盗」や「ショッカー」にもなぞらえて訴えています。あまりにもとんでもない内容なので、多くの人にとってリアリティーが感じられず、伝え方にも工夫が必要なようです。

改憲勢力が参院の3分の2を占めることだけは何としても阻止しなくてはなりません。

（岩上安身・Independent Web Journal（ＩＷＪ）代表）

立憲フォーラムのパンフ、通信など

立憲フォーラムの出版物などの紹介と宣伝をさせてください。

私たちは草の根改憲運動を展開する「日本会議」の動きを警戒してきましたが、外国のメディアは報道するのに、日本のメディアは委縮してほとんど報じないため、その実態がベールに隠されていました。そこでパンフレット『「日本会議」の実態、そのめざすもの』IとⅡを作りました。

また、いま引用した方たちのコメントなどを収録した『立憲主義を壊させない―立憲フォーラムの歩み―』を発行し、そして5月には『憲法のあるこの社会を守るために―ノーサンキュー自民党改憲草案―』を出します。著者は「明日の自由を守る若手弁護士の会」共同代表の黒澤いつきさんです。

これらのパンフレットはいずれも頒価１００円です。10冊以上は送料無料、50冊以上（ミックス可）は一冊50円です。


また、岩上さんが言及されている「立憲フォーラム通信」はほぼ毎日の発信で、昨年5月にスタートし、4月25日現在２９１号を数えます。無料です。

パンフレット、通信のお申し込みは　FAX：03-3303-4739、Eメール：fukuda@haskap.net へお申込みください。URL.http://www.rikken96.com/

２０１５年夏という体験、これから

それにしても、２０１５年夏の国会を取り巻いた人びとの思いと、あの高まりとは何だったのか、そこから私たち政治家は何を汲みとらなければならないのかを考え続けています。
9月19日の安保関連法（戦争法）が強行成立させられた後よく聞いたのは、国会周辺の行動に参加し、あの熱気を肌で感じとった国会議員とそうしたことをしなかった国会議員の認識にはとても大きな差があるという声でした。

確かにそうでしょう。

私は野党議員として、国会正門前、議員会館前、官邸前でのさまざまな形の抗議行動に参加させていただいた回数でいうと相当に多い方だと思います。

そこで感じたことを一言でいうと、何か新しいことが間違いなく生まれているということでした。もうすこし説明すると、それまでの集会とかデモとかに付着していたイメージ、既視感が崩されていくというある驚きでした。

私の学生時代には学生運動などはほぼ終息していて、こうした活動は経験したことのない、そういう学生でした。議員になってからは、各種の集会に良く参加させてもらってきました。

しかし2015年の夏、国会周辺に集まってきていた人びとは「動員」だとか「スクラム」だとかの言葉が連想させる軍隊的な、あるいはいわゆる左翼的労働運動的なこととは無縁な、普通の人でした。普通の市民が、独りで、あるいは小さな仲間の旗を目印に集まってきていました。

　まだ、それほどに運動が高まっていない時に、私の友人がこんな風なことを言っていたことを思い出します。「近藤さん、いまの運動って従来とは違うよ。昨日、永田町のホームで若い女性が一人、胸のところに手書きで、デモに参加しましょう、と書いたものを持ち、ホームを静かに行ったり来たり、歩いて訴えていた。ちょっと震えていたように見えた。多分初めてそういうことをしたんだね。でも、そうせざるを得ない切迫感が伝わってきて、感動したね」と。

　誰から指示されたわけでもない。一人ひとりが、安倍政権のやろうとすることは危ない、戦争する国にしたくないと判断して参加してきていたのです。


　そうした人びとが8月30日に12万人いたのです。地下鉄からあまりに多くの人びとがホームにいるために下車することが出来ない人がたくさんいました。一度少しの隙間に入ると身動きもできない密度の濃い空間が日比谷公園から霞が関、国会一帯に続きました。

　そうして、その力を航空写真で確かめ合いました。その映像や写真がその日参加できなかった地方の人びとを勇気づけました。『産経新聞』は、親切にも参加者を升目に囲んで、参加者は3万人だと報じましたが、その後、立憲フォーラムの仲間である藤田幸久参議院議員の委員会での質問で、その数は国会正門の並木通りの参加者に過ぎないことを警備サイドも認めることになりました。

60年安保と比較する言があります。勿論、私はそれを体験したわけではありませんが、60年安保時には「声なき声」のデモが、とても珍しく、そのユニークさが取り上げられたと読んだことがあります。後の人びとは大学の自治会だとか、組合だとか、組織のある人びとが主役だったわけです。

2015年安保は、一人ひとりが決め、参加するという参加民主主義が国会周辺に実現したのだと思います。そのことの意味と意義はとても大きいです。

そのことは、国会前でのコールでSEALDsが「民主主義って何だ?」という問いかけに「これだ」と答えるということにも象徴的に表れているように思います。

市民社会の中で抗議し声をあげるデモが日常にある世界を、皆の力で生み出したことが2015年夏だったのではないでしょうか。

それとカンパするということがとても普通のことになったことも大きいです。昨年の5月3日の憲法集会はそれまで分立していた三つの潮流が合わさったもので、以降の運動の基礎をつくったとても重要なものだったわけですが、その時のカンパが1千万円を超え、以降の集会の度にお金を出してくれる人びとが定着していったこと。総がかり行動実行委員会は、『朝日』、『毎日』、『東京』の各紙に一面の意見広告を何度も出しましたが、それらは皆カンパによって可能となったと聞いています。

自立した運動を展開するにはお金がとても大切ですが、資金の面でも新しい質を獲得したという点を見逃してはいけないと思います。

普通の市民が自分の足で立ち、自分のふところからお金を出して支えていくというスタイルが生まれたこと、この新しい質を何としても定着させ、拡げていきたいと思います。

そして、恐らくそうしたことが可能になったのは、あるボリュームが作られたということです。反体制運動とか左翼運動は、理が勝ってしまって、他の人びとやグループに批判的になってしまう。その最悪のことが学生運動の衰退過程で現出した内ゲバだったと思うのですが、対立と批判という縮小プロセスを去年の夏は連帯と励まし合いへと逆転することができました。政治的な主張や歴史の違いは違いとして、しかし、「安倍政治を終らそう」、「戦争法案を葬ろう」というテーマの一致で、一緒になって場をつくる、そういうことを総がかり行動がやってきたのです。そうして、そのことによって、国会の場に、全国各地の場に人びとが参加するハードル、垣根を低める役割を果たしました。

一言触れておきたいのは日弁連（日本弁護士連合会）の触媒的な役割がとても大きかったことです。一貫して、集団的自衛権は憲法違反だとの立場で、学者との共同行動を担い、全国各地での集会の成功に大きな力を発揮しました。

私たち立憲フォーラムと連携した活動を続けてきた「戦争をさせない１０００人委員会」の行動も大きかったです。

共通の目的を持つ絆

いま「市民連合」の中心で活躍されている中野晃一上智大教授が、議員会館前の集会でこんなことを発言されていたのを思い出します。中野さんはSEALDsや自分たち学者ばかり注目されるが、自分たちは掛布団であって、状況が厳しい局面でも平和や人権のために地道な活動をつづけてこられた労働組合や平和団体などの敷布団という存在があってのことだといったことを話されました。

昨年夏、シニア・デモクラシーと呼ばれるほどリタイアされた皆さんが参加され、MIDDLEsも作られる、「ママの会」や、高校生など世代を超えた取り組みがありました。

そういった中で、私が感動したのは、若者が「戦争をしない、させない日本を続けてきてくれてありがとう」という言葉を年配の人たちに向けて語ったと聞いたときです。先行世代への敬意の念があったということに驚き、そして嬉しかったです。ともすると、戦争責任を問う戦後の出発の時代から、親世代への批判、兄姉世代を乗り越えようとする意識が強く、先行世代が築き上げた社会への尊敬の念を失していたと私は感じていたので、この話は２０１５年夏のひとつの私の喜びでした。

対立ではなく、協調が生まれた例として、上野千鶴子東大名誉教授が自分の頃は教授とともにデモに参加するなど考えられなかったけれど、今回は共に参加できた、と語っていたことも印象にのこります。

組織と個人、或いは年代の違いが相互対立とならずに、ハーモニーとして機能すれば、これほど強いものはないはずです。

実際、SEALDsと「学者の会」の連携は見事なものだったと思います。それは２０１５年の夏で終わってしまうのではなく、参院選での野党共闘を求める活動にまで続けられていること、SEALDsや「学者の会」、「ママの会」、総がかり行動など市民5団体と野党5党との意見交換会に私は民主党（当時）幹事長代理として参加していて、そのことが理解できました。

私たち国会議員にとって最も印象に残ったのは9月18日から19日未明にかけての国会周辺の市民の皆さんの姿でした。太鼓など鳴り物とともに「野党はがんばれ！」という声が波状的に、とぎれることなく国会に向かってあげられたことです。その声は確実に国会議事堂にいる野党国会議員に届き、その心を奮い立たせたのです。

与党はこの日、安保関連法案（「戦争法案」）を強行成立させたのですが、「野党はがんばれ！」という、この夜に発せられた声は、次には「野党は共闘！」という声に引き継がれていったのです。

自民党のベテラン議員は「餅を食べれば忘れる」、つまり年を越せば忘れてしまうとうそぶいていました。ピークを越せば潮が引くように怒りは消えていくだろうと見くびっていたのです。

でも、9月19日の昼には国会前に抗議の人びとが集まっていました。「憲法違反の安保法は廃案にできる」ということが大きな柱として人びとの中にあったからでしょう。同時に、このままでは済ませない、済ませるわけにはいかないという強烈な思いもあったのだろうと推測します。

9月19日を過ぎてもさまざまな形で、その思いを表わす場が設けられ、人びとは選挙で決着をつけようということに収れんして行きます。集会やデモのコールに「野党は共闘！」ということばが定着し、参加者がこれを確認し合うということが全国で生まれました。共産党はいち早く、9月19日の中央委員会で「戦争法廃止の国民連合政府」という構想を打ち出し、選挙協力のためにはこの合意が必要だとし、反安保のうねりを選挙協力に繋げる方針を明らかにしました。

私が所属する民主党（当時）内にも色々と意見があって、この運動の高まりに連携する方針がなかなかにすっきりと打ち出せませんでした。しかし、枝野幸男民主党幹事長が他の野党に呼びかけ、5つの市民団体と意見交換の場を重ねながら、2016年2月19日の5野党党首会談で画期的な合意にたどりつきました。

党首会談での確認事項の内容は以下、民主党の岡田代表が提案したものです。

（1）安保法制の廃止と集団的自衛権行使容認の閣議決定撤回を共通の目標とする。
（2）安倍政権の打倒を目指す。
（3）国政選挙で現与党およびその補完勢力を少数に追い込む。
（4）国会における対応や国政選挙などあらゆる場面でできる限りの協力を行う。

それからも紆余曲折はありましたが、この夏の参議院選挙の帰趨を決する32ある一人区では、ほぼ8割は野党が一人の候補に絞ることができ、自公の与党対野党統一候補という本当のガチンコ勝負が展開されることになりました。

また、4月24日に北海道5区と京都3区での衆議院補欠選挙では、北海道は4野党の統一候補として池田まき候補が戦いを挑み、惜敗しましたが、参院選につなげる貴重な戦いでした。

戦後の政治史にはなかった野党が選挙協力して一強の自民党に立ち向かうという新たな構図が作られています。このことがどれほど画期的なことか、少し政治に関わったり、関心を持ってこられた人には良く分かっていただけると思います。

この野党協力によって、立憲主義の破壊というところまで押し込まれた民主派が、これを押し戻し、安保関連法案を廃止できるか否かが今年夏に問われます。。

さらに、「市民連合」と選挙に際し、取り交わした脱原発などについて、国会の中での共闘をどうつくるかも課題です。

では、一人区の共闘のためにどのような協定が取り交わされているのでしょう。宮城県は以下のような内容となっています。①安保法制廃止、②アベノミクスがもたらした格差の是正、③原発依存脱却、④不公平税制是正、⑤民意を踏みにじる米軍新基地に反対、⑥安倍政権打倒―の6項目です。なお、宮城県は民進党の現職桜井充さんが野党統一候補者です。

安倍政権に対するオルタナティブ勢力を

いまの日本の最大の課題は、自分たちが望む政策を担う勢力、主体が見つからないということだと思います。

安倍政権の行っている個別政策を世論調査で聞くと、沖縄の辺野古基地移設も、原発推進政策も、安保政策も、最近ではアベノミクスも、皆反対が多いのです。

直近の『毎日新聞』の２０１６年４月19日の調査で、安保関連法案の制定を評価する38％、評価しない50％、安倍政権の経済政策「アベノミクス」を評価する33％、評価しない54％です。

原発再稼働に関しては２０１６年2月29日の『日経新聞』調査で反対は6割。

米軍普天間飛行場移設問題では２０１５年12月5日、６日の『毎日新聞』の調査で県外への移設を訴える沖縄県と、県内移設で飛行場の危険性を取り除けるという政府の、どちらの主張が理解できますかという問いに「政府」23％、「沖縄県」28％。

では、安倍首相の狙う憲法改正についてはどうでしょう。２０６年3月12日、13日の『朝日新聞』調査で「憲法改正、私の在任中に成し遂げたい」という安倍首相に対し評価38％、評価しない49％です。

これほど個別政策で現政権のやっていることと、やろうとしていることに反対する人が多いというのは珍しいです。それにもかかわらず安倍内閣の支持率は40％以上あり、不支持を数パーセント上回っているのです。

こんな不思議なことはありませんし、国民にとって不幸なことはありません。この消極的な支持、他に代わりがいないという見方を克服しなくてはなりません。それは、分立した野党が足を引っ張り合ったり、「俺が、俺が」で独自性を売り込んだりということでは駄目なのです。

ひとつの塊として、安倍政治の内容、手法にたいするオルタナティブ、代案の政治勢力として立ち現れなければなりません。勿論、民主党政権への深い絶望が大きく働いていることは事実だと思います、個別の政策ウンヌンより、民主党政権の内部対立と分裂こそが、国民の失望の最大のものだろうと私は考えています。

同時に、私がこの本で展開してきたような、アジアとの協力を積極的に計り成長センターとして共に歩む政治勢力、それは同時に現代版「富国強兵」の経済と安保を一体とした経済政策から抜本的な転換が実現できる勢力ということです。

あるいは、40年を過ぎた原発の再稼働を許し、世界に原発を売り込む政策から自然エネルギーへの転換を東アジアの広域で実現していくような次世代への責任を体現した政治勢力であるということでもあります。

また、これだけ拡大してしまった格差を是正し、税をきちんと収めさせる、そういう公平さを持った政治勢力。そして、TPPなど、多国籍企業の利益のために人びとの生命や健康を売り渡すことを断固として阻む、自民党に代わる政治勢力です。

最後に、その政治勢力は立憲主義に立脚し、三権分立を守る国家運営を行い、専守防衛に徹して、日本の平和ブランドをブラッシュアップする方向性を明確に近隣諸国に示すことができる人たちでなければなりません。

2015年夏の人びとの行動が、いま言ったような政治の可能性を感じさせるところまで、私たちの政党政治をボトムアップしてきたこと、それへの感謝を申し上げて、この稿を閉じたいと思います。

夫人から「戦争をするときには、私を殺せ」と言われること

安倍首相が「戦争をする」国にしてしまうという不安こそ、２０１５年から十代の若者からシニア世代までを行動に突き動かした最大の理由でした。

さらに、昭恵夫人からまで「戦争をするときには、私を殺せ」という強烈な言葉を突きつけられていたことを知ったときに、私は驚き、同時に戦後の価値は安倍首相の家庭にまで及んでいたという感動も湧き上がってきました。

この衝撃的なことばは雑誌『ＡＥＲＡ』４月11日号で紹介されています。硬派のジャーナリスト青木理さんのインタビューに対し、昭恵夫人は、

――「（夫に）政策などについて質問をすると、主人は『それはそういうものなんだ』と説明するので、私は『そうは言っても』とか、『みんながそうとは限らない』と思ってしまう。主人は『多くの意見をちゃんと聞いている』と思っているようですが、私はそうは思っ

ていません」（略）

先日、福島県双葉郡の高校を訪れた際、昭恵夫人は生徒から「戦争だけはしないでくださいと、安倍首相に伝えてください」と言われたことに触れて、ある程度の防衛力は必要だとしながらもこう言い切ったのだ。

「生徒さんたちに『この総理大臣は戦争をしようとしている』と思われてしまうこと自体はよくないことかもしれません」

「私は私ができることをしていく。どうしたら平和を構築していけるのかって、私なりに考えて、私ができることを一歩ずつ進めていきたいと思っています。

ただ、主人には『戦争をするときには、私を殺せ』って言ってあるんです（笑）。戦争になったら、私はいない、みたいな」（略）

「主人は、政治家にならなければ、映画監督になりたかったという人なんです。映像のなかの主人公をイメージして、自分だったらこうするっていうのを、いつも考えているんです。だから私は、主人は安倍晋三という日本国の総理大臣を、ある意味で演じているところがあるのかなと思っています」——

最も身近にいる人に「戦争をするときには、私を殺せ」と言わせてしまうということは、安倍首相がいかに戦争への危機感を人びとに抱かせているか、の何よりの証です。

そして驚くのは自己陶酔で首相を演じているという指摘です。映像の中の主人公をイメージして政治を行われてはたまりません。

しかし、これについては思い当たるところが沢山あります。防衛大学校の卒業式や外国訪問での閲兵式に臨んだときの安倍首相の満足気な、嬉しそうな顔は、映像の中の指導者を演じてみせていて、「どうだ、俺ってカッコいいだろ」という声まで聞こえてくるようです。

聴衆を熱狂させるため、何面もの鏡を前にして演説するときの身振りや、演説の盛り上げ方を繰り返し練習したのはあのヒトラーでした。自己陶酔と同時に、人びとの反応を計算したのです。

安倍政権のナンバー2である麻生太郎副総理（財務大臣）が2013年8月に憲法改正にからんで「ナチスの手法を学んだらどうか」と言い放ったことを私は決して忘れません。そして、ナンバー1の安倍首相は「総理大臣を演じきっている」ように見えるのです。

とてもまともな政治情況にあるとは呼べません。タガが外れているというレベルではなく、立憲主義が壊わされかけているとしか思えないのです。

平時の法体系から軍事が軸の法体系へ

昭恵夫人が感じる、戦争のにおいというのはどこから発するか、保阪正康さんの『安倍首相の「歴史観」を問う』（講談社）から、いくつか引用します。

――あえて現在の風潮を見るとき、全体に麗句の言葉を先行させる政治家が多い。安倍晋三首相も現憲法を「占領憲法」と言ってみたり、「押し付け憲法」と表現したり、さらに『侵略』には学問上の定義がないと言ってみたりする。また、その著作でも用いられているが、日本を「美しい国」と言ったり、「日本を取り戻す」と言っているかと思うと、「積極的平和主義」などと、とにかく麗句や結論をすぐに口にする。こういう言葉を口にするなら、その思考プロセスや、その言葉（例えば「美しい国」というなら「美しい」の意味など）に達する道筋が明らかになっていなければならない。政治家の一つひとつの言葉に哲学的、政治的、思想的な裏打ちがなければ言葉を操って悦に入っているとしか思えないからだ。

陸パン（1934年・昭和9年に陸軍省新聞班の名で出された「国防の本義と其強化の提唱」のこと）をまとめた将校たちは、国家総力戦体制をつくるために国民の協力が必要だとして、「たたかひは創造の父、文化の母である」といった麗句を口にした。しかしそのプロセスや立論の道筋は明確に浮かんでこない。

かって指摘したことだが、陸パンの麗句と、二〇一三年、一四年ごろの安倍首相の言動との共通点がいかに多いかを確かめて、私は愕然としたことがある。首相の歴史観を耳にしていると、戦後民主主義をどのように捉えているのだろうかと疑問を覚える。保守でも革新でもいいが、例えば自民党の先達たちがいかに伸吟しながら戦後社会を作り上げてきたか、それを思う知的関心、畏敬の念を示す礼節、さらには先達の歩んだ道を点検しつつ教訓を汲み取っていく姿勢、それらに欠けているといっていいのではないか。──

私自身にも跳ね返ってくる言葉ではありますが、こうしたことを私なりに考え、石橋湛山や幣原喜重郎、そして武村正義氏ら先達の知的な苦闘を追ってみたのが、本書です。決めつけや単なるフレーズ、プロセス抜きの結論といった悪しき反知性主義に陥らないように自戒をこめた作業でした。

それにしても、ここで保阪さんが指摘している「言葉を操って悦にいる」という言葉と昭恵夫人が語った「演ずる人・安倍晋三首相」が重ね合って来てしまうのです。

もう少し、保阪さんの言葉を引用します。

──この内閣が推し進めようとしている憲法改正案（天皇を元首とする項の導入など）や、

集団的自衛権、教育現場への介入、NHKへ私的関係からの人脈を送り込んでの報道機関の私有化など、内閣成立以来のあれこれの動きを見ていると、つまりは「戦後民主主義の全否定」を意図しているとしか私には受け取れない。部分否定ではなく、全否定しているという意味では、日本をまったく異なる地平に運んでいこうとの思惑があるとさえ思われる。（略）

さらにこの二、三年を振り返って、中国、韓国、そしてアメリカ、ロシアとの間にバランスのとれた関係をつくりうるのか、現状で推移するならまだしも、現状から一歩ずつ軍事体制への傾斜を始めるのではないかとの不安も感じられる。

尖閣をめぐる中国、竹島をめぐる韓国、そして安倍首相の歴史認識に不満を持っているアメリカなど、日本を取り巻く環境は決して甘くはない。

しかも安倍政権は、村山談話や河野談話に不満を示し、二〇一三年八月十五日の全国戦没者追悼式の式辞では、歴代首相が口にしてきた不戦の誓い、さらにはアジア諸国に人々に対するお詫びの言葉にも触れなかった。

つまり安倍首相は、そういう自省とは別に、平時の法体系から軍事を軸にする法体系に、国民の意識を移行させようとしているかに私には思えてくる。

これまで指摘したように、たとえば二〇一三年を機に次の三点が明確になったと私たちは理解すべきである。これが二〇一四年、一五年と継続している。この理解なしに、これからの日本を展望することはできないと改めて知るべきではないか。
（1）戦後民主主義の時代は終わりつつある。
（2）国民意識の変化が企図されている。
（3）政治的論戦の内容が著しく劣化した。
このことは何を物語るのか。時代の変容をいかに自覚すべきかに気づかなければならない。

（略）

安倍首相は戦後民主主義体制を否定して、大日本帝国型のシステムへの回帰を考えているのではないかと私は懸念している。「自立する市民」ではなく、「国家に隷属する国民」といってもいい。——

自民党憲法改正草案は「憲法のない社会」

私たちが「立憲フォーラム」を結成したのが2013年4月でしたが、そこから2015年の安保関連法の成立までの、安倍政権時代とは何であり、何を企図していたか、保阪さんのように見事に整理することは出来ないので、ご本人の長い引用になったことをお許しください。

「平時の法体系から軍事を軸にする法体系」への転換は、特定秘密保護法の強行成立、国家安全保障会議（日本版ＮＳＣ）の創設などに現れていますし、憲法では禁じられている（憲法第76条2項の特別裁判所は、これを設置できない）特別裁判所である軍事裁判所への言及が自民党の幹部から行われています。

「戦後民主主義の全否定」は２０１２年に出された自民党の憲法改正草案で全面的に述べられています。立憲フォーラムは今年5月にパンフレット『憲法のあるこの社会を守るために―ノーサンキュー自民党改憲草案―』を出します。著者は「明日の自由を守る若手弁護士の会」共同代表の黒澤いつきさん。黒澤さんは自民党改憲草案の批判を次のようにしめくくりました。

――自民党の改憲草案は、最初の方でご紹介したフランス人権宣言や、立憲主義の精神からすると、「憲法ではない」ものです。

いわば、「憲法の無い社会」がパッケージで提案されているといってよいでしょう。近代国家をやめますという宣言でもあり、あらたな専制国家の樹立の宣言でもあります。

これが、「1億総活躍」「全ての女性が輝く社会」を掲げる安倍政権と自民党の目指す社会であり、今夏の選挙の結果次第では、具体化に大きく前進しかねないことを、もっともっと、多くの国民が知っておく必要があります。

安倍政権と自民党は、「憲法になにが書いてあるか」よりも「権力が憲法をどう読みたいか」を優先させて、安保関連法を作ってしまいました。立憲主義の破壊は、すでに始まっています。これを食い止められるのは、主権者国民だけです。――

本当に主権者が「国家に隷属する国民」ではなく、「自立する市民」になることがいま問われているのです。

アベノミクスと安保関連法は表裏一体の意味

一言、アベノミクスと安保関連法（「戦争法」）についての関連に触れておきたいと思います。これは立憲フォーラムの院内集会で浜矩子同志社大大学院教授に教えてもらいました。浜さんは、安倍首相が昨年4月に訪米した際、米国の笹川財団で「私の外交・安全保障政策は、アベノミクスと表裏一体であります」とスピーチしたこと。その真意を記者に聞かれると、「経済を成長させ、そしてGDPを増やしていく。それは社会保障の財政基盤を強くすることになりますし、当然、防衛費をしっかりと増やしていくこともできます」と解説したというのです。

いま安倍政権は日本のGDPを600兆円にするとの目標を掲げていますが、GDPを増やすのは強兵のため、防衛費を増やすためというのが目的だとすれば、とても許すことができません。強さや力に固執するために、経済を成長させようとし、弱者を切り捨て、日銀の自由も取り上げた。そう米国で安倍首相は白状したという話でした。

これでは国栄えて、民滅ぶ。いや結局、国も滅んでしまうのです。

アベノミクスに隠されたこの軍事大国実現の野心、野望をしっかりと見すえることが必要です。

では、安倍さんはなぜ再び「富国強兵」なのでしょうか？

記者の方などから、60年安保で退陣に追い込まれた岸信介元首相の執念が「憲法改正」と「北方領土の解決」だったので、歴史に名前を残したい安倍首相は、この二つを何としても自分の手で、せめてとっかかりだけでも作りたいのだという解説を聞く機会があります。

しかし、と私は思うのです。お祖父さんが執念を燃やして未完だからと言って、何故、孫にあたる安倍首相がそのことに囚われなければならないのでしょうか。それが、素晴らしい、未来の夢ならいざしらず、ましてや、一つは過ちとして世界史的に刻印されたものなのですから。

岸信介氏は満州国で〝弐キ参スケ〟（東條英機、星野直樹、鮎川義介、岸信介、松岡洋右）

と称された実力者であり、対米英戦争の時に商工大臣として開戦詔書に署名をし、戦後はA級戦犯として巣鴨プリズンに収容されていました。そして、アメリカの公文書が全面公開されれば、ＣＩＡとの関係も明らかになるとも言われています。その祖父の志を継ぐということが、一体、アジアや世界にとってどのような意味を持つのでしょうか。

戦争犯罪をおかした人の孫にも政治家となった人はいます。

ムッソリーニの孫娘は政治家になりました。彼女、アレッサントラ・ムッソリーニは祖父のファシズムを信奉し、極右政党につかず離れずの傍流の存在です。決してイタリアの有力政治家ではありません。

一方、ニュルンベルグ裁判で有罪となったナチ党全国青少年最高指導者バルドゥール・フォン・シーラッハの孫であるフェルディナント・フォン・シーラッハは弁護士です。小説家としても有名で、ナチス犯罪の時効の問題点を鋭く問う作品『コリーニ事件』（東京創元社）を書いています。

『世界史の中の安倍政権』（日本経済評論社）という本を読んでみました。8人の学者の方たちの座談なのですが、安倍政権が何を実現しようとしているかということになると「美しい国、日本」だけだと学者の方たちは困惑しています。

伊集院立法政大名誉教授は次のように分析します。

――憲法改正や集団的自衛権など、国内・国際関係の見通しについては、基本的には故岡崎久彦氏のアメリカ共和党路線、ないしはアメリカ国内のペンタゴン・スタッフ、あるいはナイやアーミテージとの協調関係を発展させるということなのではないかと忖度されます。

（略）

「戦後レジームからの脱却」に関して、安倍氏がしばしば言及するのがアメリカとの関係です。しかも、彼の政治理念はパーソナルな側面を強く持っているように思われます。日本の真の独立という場合、日米関係イコール祖父岸信介の安保改定理念を日本の「自立」と経済成長の礎ととらえており、その理念を踏襲しているようにも思えます。――

祖父の影響が大であるとして、しかし、戦後社会の枠組みを壊してしまうという、これほどの歴史的大転換を行おうとしているのですから、その理念や「戦後レジーム」に代わる新しいレジームが、国内だけでなく世界にアジアに示されてしかるべきです。

復古主義ではない、単に歴史の繰り返しではない、21世紀に東アジアに位置する私たちの将来像を語るのは、安倍首相の果たすべき責任だと思います。

岸信介と石橋湛山

岸信介と石橋湛山は本当に対照的な人間です。

一方は東大出身、一方は私学の早稲田出身。一方は革新官僚として統制経済をよしとし満州国の設計に関わり、一方は自由主義経済の旗を最後まで下ろそうとしなかった自由主義者。一方は強圧的で軍事力の行使に躊躇しない権力者（60年安保では自衛隊をデモ隊に向けようとし、赤城防衛庁長官の反対で断念しました）、一方は60年安保に反対し、総評の岩井章事務局長と会うほどの柔軟性をもつ。一方はひたすら対米関係重視、一方は日中米ソ平和同盟の提唱者。

そして一方の岸信介は明治憲法を肯定し、戦後憲法の改正者、一方の石橋湛山は明治憲法にこそ過ちの根拠を見、戦後の平和憲法の擁護者。

この二人が総理大臣の椅子を争ったのが１９５６年（昭和31年）11月の自民党の総裁選でした。石橋湛山は決戦投票で岸信介を破り首相に就任したのですが、病に倒れ、わずか２か月で辞任。副総裁の岸に政権は渡ってしまうのです。

いま見たように、極端なほどに対照的な二人でしたが、私はこの本でこだわり続けてきたポツダム宣言に引き付けて言うと次のようになるのではないかと思います。

つまりポツダム宣言10項の前半、厳重なる処罰を加えられるべしとされた側の代表的な政治家としての岸信介。一方、日本国国民の間における民主主義的傾向の復活強化という後半部分の代表的政治家としての石橋湛山です。

そして、戦後は湛山がいまから95年前の1921年（大正10年）に「我が国民が、世界を我が領土として活躍するためには、即ち大日本主義を棄てねばならぬということである」という指摘どおりになって、復興し、経済的大成功を収めたのです。

歴史的な審判は下ったはずでした。

しかし、祖父・岸信介を尊敬し、その路線を継ごうとしている安倍首相には、これが分かっていないようです。新「富国強兵」も、強さをひたすら求めることも大日本主義を目指しているとしか思われないからです。

先に引いた『世界史の中の安倍政権』で木畑洋一成城大学教授が「近代日本でも、ある種の小国主義を選択していく可能性はあったのではないでしょうか。けれどもそれは結局実現せず、大国化が目指されました。戦後の日本の場合、近代国民国家体系の中心的要素となり、大国化の基礎ともなった軍事力をいったんは放棄しようとしたわけで、そこから小国主義を選択する可能性もありました。しかし、その選択は結局なされず、小国主義的色彩を持つ方向を完全に放棄する姿勢が、現在の安倍政権によって示されていると思うわけです」と発言したのに対し、南塚信吾千葉大学名誉教授は「明治維新以後の歴史について、安倍氏の『美しい国へ』では、日本が独力で見事に近代国家を作ったことを礼賛しています。だから、小国で連帯という話は一切ないですよね」と答えています。

安倍政権に小国主義を求めても、それは無理でしょう。やはり、政治の世界で新しい選択を行い、太平洋の方だけを向く日本ではない、「脱亜入欧」から「脱欧入亜」をめざす日本の歩みを生み出すしかありません。

その際に私たちを勇気づけてくれるのが若者たちです。SEALDsがホームページに掲げているオピニオンには、

——私たちは、対話と協調に基づく平和的な外交・安全保障政策を求めます。現在、日本と近隣諸国との領土問題・歴史認識問題が深刻化しています。平和憲法を持ち、唯一の被爆国でもある日本は、その平和の理念を現実的なヴィジョンとともに発信し、北東アジアの協調的安全保障体制の構築へ向けてイニシアティブを発揮するべきです。私たちは、こうした国際社会への貢献こそが、最も日本の安全に寄与すると考えています。（略）

長期的かつ現実的な日本の安全保障の確保のためには、緊張緩和や信頼醸成措置の制度化への粘り強い努力が不可欠です。たとえば、「唯一の被爆国」として核軍縮／廃絶へ向けた

世界的な動きのイニシアチブをとることや、環境問題や開発援助、災害支援といった非軍事的な国際協力の推進が考えられます。歴史認識については、当事国と相互の認識を共有することが必要です。

先の大戦による多大な犠牲と侵略の反省を経て平和主義／自由民主主義を確立した日本には、世界、特に東アジアの軍縮・民主化の流れをリードしていく、強い責任とポテンシャルがあります。私たちは、対話と協調に基づく平和的かつ現実的な外交・安全保障政策を求めます。――

あらゆる場面で対話と協調を欠落させた安倍政治を終らせ、このような認識に立つ若者たちと、「国家に隷属する国民」ではなく「自立する市民」と連帯して未来を切り拓いていきたいです。

「報道の自由」への圧力と委縮する現場

安倍政権の行っている「報道の自由」への圧力は凄まじいものがあるのではないでしょうか。

まず、国際的な機関がいまの事態をどう見ているかを示します。

「表現の自由」に関する国連特別報告者として初めて公式に日本を訪れたデービット・ケイ氏は、日本での調査を終えて、２０１６年4月19日に東京で記者会見し、「日本の報道の独立性は重大な脅威に直面している」と語り、メディアの独立性保護や国民の知る権利拡大のための対策をとるように政府に求めたのです。

デービット・ケイ氏はアメリカのカルフォルニア大学アーバイン校の教授で、２０１４年に国連人権理事会から特別報告者に任命されています。

日本政府の招きで訪日し、政府職員や国会議員、報道関係者やＮＧＯ関係者からヒアリングし、「特定秘密保護法や、『中立性』や『公平性』を求める政府の圧力がメディアの自己検閲を生み出している」との認識を示しました。

「ジャーナリストの多くが匿名を条件に面会に応じた。政治家からの間接的圧力で仕事を外され、沈黙を強いられたと訴えた」、「放送法のうち（政治的公平性などを定めた）第４条を廃止し、政府はメディア規制から手をひくべきだ」などと指摘しました。

公平性を理由に放送局の「電波停止」にまで言及した高市早苗総務大臣の発言をめぐり、高市大臣との面会を希望したが会えなかったとも語っています。なお、アメリカにもかつて「政治的公平性」原則がありましたが、現在では規則から削除しています。

特定秘密保護法については「原発や災害対応、安全保障など国民の関心が高い問題の政府情報が規制される可能性があり、内部告発者の保護体制も弱い」と問題点に言及してもいます。

デービット・ケイ教授のこうした厳しい指摘が出された翌日の4月20日、パリに本部をおく国際ＮＧＯ「国境なき記者団」は２０１６年の「報道の自由度ランキング」を発表しました。

日本は前年から11位も順位を下げて72位となりました。対象は１８０か国・地域です。民主党政権だった２０１０年には11位でしたから、この6年で61位も低下したわけで、まるで坂道を転がるように日本から「報道の自由」が失われていっています。

今回「国境なき記者団」は「多くのメディアが自主規制し、独立性を欠いている」とし、２０１４年12月に特定秘密保護法が施行された後、日本のメディアが自主規制に動くのは「とりわけ安倍晋三首相に対してだ」とまで指摘しています。

日本の評価は5段階の真ん中「問題がある」です。

では、「問題がある」の中身を点検してみましょう。

最初に安倍首相自身が「報道の自由」をどう認識しているか、正確にはどれほど認識していないか、2月15日の衆院予算委員会で山尾志桜里議員への答弁です。

山尾志桜里議員：私は、憲法の21条、表現の自由、これに対する総理の認識を問うているんです。総理がちゃんと憲法21条を、わかっているかどうか、国民のみなさんのまえで説明していただきたいと思っているんです。尋ねます。

総理、このまえ、大串議員に、「表現の自由の優越的地位ってなんですか？」と問われました。この時、総理の答弁は、「表現の自由は最も大切な権利であり、民主主義を担保するものであり、自由の証。」という、かみ合わない、謎の答弁をされました。法律の話をしていて、『自由の証』という言葉を私は、聴いたことありません。もう一度たずねます。「優越的地位」というのは、どういう意味ですか？　私が聴きたいのは、総理が知らなかったからごまかしたのか、知っていても勘違いしたのかを知りたいんです。どっちですか？

「表現の自由の優越的地位」って、なんですか？　総理。

言論の自由をもっとも大切にする安倍政権、なんですか？

安倍総理：ま、これは、あの、ま、いわば、法的に正確にお答えをすればですね、経済的自由、そして、えー、精神的自由がより優越をするという意味においてですね、えー、この表現の自由が重視をされている、ということでございます。

山尾議員：今、事務方の方から教わったんだと思います。なぜ、精神的自由は、経済的自由に優越するのですか？　優越的地位だということは、なにをもたらすのですか？
安倍総理：ま、いわば、表現の自由がですね、この優越的な地位であるということについてはですね、これは、まさにですね、えー、経済的な自由よりもですね、精神的自由がですね、優越をされるということであり、いわば、表現の自由が優越をしているということでありますが、
いずれにせよ、ですね、それをですね、そうしたことを今、この予算委員会でですね、私にクイズのように聞くということ自体が、意味がないじゃあないですか。

これは酷い答弁です。まず、事務方に教えてもらいながら答弁し、表現の自由の優越的地位について説明出来ず、「私にクイズのように聞くということ自体が、意味がない」と言うのです。民主主義を支える一番の力こそ、表現の自由だということすら安倍首相には認識出来ていません。国際社会から日本の表現の自由は問題ありと言われ、それを国会審議の晴れ舞台の予算委員会で国会議員が問うのは当然のこと、それで逆ギレしてしまうのですから、幼児的としか言いようがありません。
二つ目に、「表現の自由」の優越性を理解しない安倍首相官邸が行っていることはどうい

うことか、ジャーナリストの鳥越俊太郎さんが「メディアが政治をチェックするのではなく、政治がメディアをチェックする時代になった」と『マスコミ市民』の2016年4月号で述べています。そのポイントは、

——NHKは本当に変わりました。安倍さんがまだ一国会議員の時に従軍慰安婦の問題でNHKに介入しましたが、あの時の経験が生きていると思うのです。政治の力で介入すれば、一部は抵抗できても、最終的には権力構造の中で政治が勝つことを学んだのです。僕は、それが突破口だったと思います。

安倍政権になってからは、あからさまにメディアチェックを始めました。自民党政権といえども、これまではそんな露骨なことはしませんでした。何か問題があればそれに対応していましたが、今は全部のメディアをチェックしているのです。そして、気に入らないことを見つければ、すぐに官房長官がオフ懇（オフレコの懇談会）でつぶやきます。それは一切表に出ないプレッシャーです。

菅さんは、実に巧妙に「これはオフレコだ」と言いながら、局のトップにはしっかり伝わる形で言うのです。記者もその辺は心得ていて、オフ懇であっても自分の社が言われているつぶやきの部分をしっかりメモにしてデスクや部長に渡します。それが徐々に「ヤバいぞ」

という空気になっていき、じりじり後ろに下がっていくのです。（略）
社会にとってメディアは大事で、命のような意味をもっているから、その部分に手をつけて壊してはいけないという了解が、日本の社会全体にしっかりした哲学として定着していないのです。そのことを国民もわかっていないので、今のような状態になっているのです。そこを変えていくにはある程度時間がかかりますし、簡単に復元力をもつことはできないと思います。しかし、少なくともそういうことについて思いを抱いている人間が、少しでも発言していかなければいけないと思っています。——

鳥越俊太郎さんのような志を持つ、若きジャーナリストたちの出現を私は期待しています。太平洋戦争が始まって言論の自由が完全に封殺され、軍部から「東洋経済は戦争中にもかかわらず自由主義を棄てていない」と目の仇にされます。社内から社の存続を考え同調すべきではないかの声に対し、石橋湛山は、

「東洋新報には伝統もあり主義もある。その伝統も主義も捨て、いわゆる軍部に迎合し、ただ新報の形骸だけを残したとして無意味である。そんな醜態を演ずるなら、いっそ自爆して滅んだほうがはるかに世のためになる」と言ってのけました。

権力に屈服しない言論を、いまこそです。

中傷と暴力・テロ

中国やアジアの国々に関わろうとすると、ほぼ100％中傷を受けます。私に、反日議員というレッテルを張る人たちがいます。忘れた頃に必ず、中傷ビラを撒かれます。ネット上の近藤昭一はとんでもない政治家としか思えない書きぶりです。近藤昭一は中国、韓国、北朝鮮が大好きで、これらの国のために政治をやっているというものです。

近藤昭一は、どうも在日であると思うが、その証拠が見つからないなどという書き込みを見たこともあります。

笑えない話ですが、私が環境副大臣を務めた際の秘書官のお父さんは、私の記事をネットで見て、息子さんに「そんな議員の秘書官になって大丈夫か」と電話をしてきたそうです。近藤昭一をネットで検索するとひどい近藤昭一が出てきます。彼らの主義主張と異なる議員はすべて「反日」であり、「売国」です。ネット上だけではなく、最近では、国会議員がその先頭に立ったりします。国会の委員会質問では、韓国の番組を放映しすぎるとテレビ局を非難したりする人が出たり、局に何人の外国籍の職員がいるかの数字を出せなどという要求が出されたりしています。

そして街にはヘイトスピーチが吹き荒れます。人として言っていけない差別と憎悪に満ちた言葉が吐き出されます。

私は名古屋の駅裏で育ちました。近くに豊臣秀吉を祀った豊国神社があります。戦後は闇市があったところで、在日コリアンの人たちが多い地区です。

中学一年の時だったと記憶しているのですが、先輩が私の同級生を指して、何か聞きなれない言葉を口走りました。すぐには何を意味するのかは分からなかったのですが、しばらくしてそれが在日の人を指す差別言葉だと分かりました。差別的なそういう言葉があることを知ったことはショックでした。

そして在日の私の友人が差別されていたこと、そしてそれへの悲しみ。これが私の活動の原点なのです。

かつて日本の右翼とされていた人たちはアジアへの強い共感を抱いていました。孫文を何度も匿い、支援した宮崎滔天や山田良政がそうでした。

孫文は「日本の維新は中国革命の原因であり、中国革命は日本の維新の結果であり、両者はもともと一つにつながって東亜の復興を達成する」と言っていました。1924年11月の神戸高等女学校での講演は第一会場が2千人で満席になり、雨天体操場の第二会場にも1千人が詰めかけたといいます。そこで孫文は有名な「大アジア主義」を訴えました。欧米文化は物質的・武力的だが、東洋文化は精神的・道徳的と両者を対比し、東洋民族が一致団結して欧米と対抗しようと。
こうした熱い連帯の気持ち、明治維新への共感にもとづき日中の連携を模索した孫文ですが、「維新の志士の抱負を忘れた」日本の中国への侵略政策によって日中連携は実ることはありませんでした。そうして1931年の満州事変によって、日中関係は泥沼の15年戦争へと踏み込んでしまうのです。

それにしても、アジア蔑視、アジアとの友好を進めようとする政治家への憎悪をどうしたら私たちは克服できるでしょうか。
石橋湛山は1960年（昭和35年）8月8日・9日号の『朝日新聞』に「反省を要する病原」として次のように書きました。

——何故にソ連や、中国もそうだが、共産主義の国と接触することに危機感を持つのであろうか。私は昨年中国に赴いた折、羽田飛行場で、「愛国者」と自称する人々から、あたかも私を国賊と誹謗するビラをまかれた事実を記憶する。私はその時、鳩山前（日ソ協会）会長が不自由な身体を遠く異国の空に運び、日ソ国交の回復に当たられた心中を察し、強い同情の念にかられたが、私はここに現在および将来の日本人が反省を要する病原が存在することを感ずるものである。――

湛山がこう書いた二か月後の1960年（昭和35年）10月12日、日比谷公会堂で浅沼稲次郎社会党委員長が17歳の少年、元愛国党の山口二矢に刺殺されます。そのとき、山口少年がテロの対象にしていたのは浅沼委員長のほかに、小林武日教組委員長、共産党の野坂参三議長、部落解放運動のリーダーで社会党左派の松本治一郎、自民党の「容共派」の石橋湛山と河野一郎の5人だったと言います。

いま繰り返し「殺害予告」を出されているのはSEALDsの奥田愛基さんです。テロによる殺害が許せないだけではなく、殺害予告を行って恐怖心を与え、委縮させようとする卑劣な行いもまた絶対に許すことはできません。

今年の通常国会でヘイトスピーチ法案が与野党から提出されましたが、与党が「著しく侮辱」する言動を対象に加え、付帯決議をすることで与野党が合意、今国会で成立する可能性があります。ヘイトスピーチを行う在特会のメンバーと写真に収まる安倍首相に近い国会議員たちこそ、反省を要するべきだと思います。

私が中学一年の時、在日の友人が投げつけられた差別言辞、そうして痛められたこころ、こうしたことが決して起きないような社会、人びとがテロに怯えない社会を一日も早く実現したいです。

人は、国家は必ずあやまちを犯す

松本清張さんの文庫本（『火神被殺』）の解説で真山仁さんは「清張は、人は必ずあやまちを犯すということを時代を超えて我々に訴え続けている」と指摘されていて、大変刺激を受けました。

「人は必ずあやまちを犯す」というのは本質的な認識です。「あやまちを犯す」から、あやまちを認め、反省し、被害を与えた人がいれば謝罪し、その原因を探り、そうしたことが起きないようにするということがなされます。

でも、「あやまちは犯さない」という前提に立てば、そうしたプロセスは不要だと思うでしょう。国会で「私が最高責任者」と胸を張る人安倍晋三氏は、あやまちを犯さないという根拠のない自信を持っているかのように見えます。でも、松本清張さんの認識にしっかりと耳を傾けなければなりません。日本のリーダーである首相なのですから。

立憲主義に対して、安倍首相が示す認識が大きくズレているのも、実は「あやまちを犯さない」という認識が底にあるからではないかと思います。

個人があやまちを犯すのと違い、国家があやまちを犯した場合は想像を絶した被害、惨禍を生みます。20世紀の二度にわたる世界大戦での死者は最小の見積もりで6000万人、最大で9500万人といわれます。立憲主義とは、王様がいるかいないかが問題なのではありません。国家が、為政者はあやまちを犯すのだから、犯させないように基本の枠をはめる、憲法という規範に従ってもらうということが立憲主義なのです。

「あやまちを犯さない」と日本人が考えてしまった失敗の例を二つあげて、しめくくりにしたいと思います。ひとつはバブル崩壊に至った〝土地神話〟、そして、万が一はないと形だけの避難訓練しか行わず、十分な防波堤を築かず、それによって大きな犠牲をもたらした3・11の東電福島原発事故の〝安全神話〟です。

〝神話〟と名がつくと、神聖にして侵すべからざる、アンタッチャブルな存在になり、人びとに思考停止をもたらします。

でも、〝神話〟は決して私たちを幸せにはしません。

そしていま、〝大日本帝国神話〟を復活させようとする動きが仕組まれ、それに乗っていってしまうのではないかという強い危機感が私にはあります。

〝大日本帝国神話〟という神話を絶対に復活させてはなりません。

復活させれば日本は再び世界の孤児に陥ります。そうではない道筋を私たちは将来に向けてさし示し、踏み固めなければなりません。思考停止はしない、そうした思いをともに持ちたいものです。

終　章

私は直接戦争を知りません。しかし、子どもの頃、父から勤労動員の時の話を聞かされました。同級生が空襲で亡くなったことを話しながら、爆弾の破片で出来た自分のお腹の傷跡を見せるのが常でした。また、伯父（母の兄）は、薬学専門学校に学び家業を継ぐはずが、兵役に就きサイパン島で戦死しました。「戦争が嫌だ」とも言えず、やりたいことも出来ない時代でした。そんな時代が二度とあってはならないと思います。

21世紀は「アジア力の世紀」だと言われています。その潜在的な経済力の高さについては本文で詳しく触れました。しかしその一方で、国際社会の中で今なお不安定要素が強く残るのがアジアだとも言われています。

かつて多くのことを学んだ中国、朝鮮、あるいは、近隣のアジア太平洋の国々を、日本は侵略しました。侵略のため、これらの国々の優れた点には故意に目をつむり、遅れた野蛮な国だと思い込まされていたかもしれません。

それは、決して侵略を遂行しようとした時に始まったことではないかもしれません。もっと早い時期から始まっていたのかもしれません。いまだ、歴代天皇陵を発掘させないのは、いかに日本の古代国家が朝鮮半島の影響を受けていたかを明らかにさせたくないからだと指摘する人もいます。今上天皇陛下ご自身が、自らのルーツは朝鮮半島にあると仰っているにもかかわらずです。

日本は朝鮮半島と中国大陸から多くのことを学びました。また、共通する価値観を多く持っています。それは儒教や仏教の影響であったり、自然のもたらした影響であったりします。東アジアの人びとは、自然を大切に生きてきました。月の動きを源とする旧暦（太陰暦）は、不便なところ（閏月等）があっても、摂理にかなったものでした。脱亜入欧を宣言した日本は、大事なことを忘れようとしました。自然の動きを重んじたアジア人の知恵を決して忘れてはならないと思います。

当時、多くの国々が植民地支配をしていたのであり、なぜ日本だけが今も責められるのだという人もいます。責める側は、決して過去のことで日本人をいつまでも責めようと思っているのではないと思います。しかし、実際の問題として、これらの国々の多くの人びとの気持ちはいまだ落ち着いてはいません。

政治家としてアジアの問題に取り組んでみてよくわかったのですが、日本の中の一部にはこれらの国々に対する根強い差別感があると思います。最近は「ヘイトスピーチ」という形で顕著に現れるようになりました。こうしたことは、なかなかピンとこないと思います。私も、政治家になった当初はそんなに感じませんでした。

本文中にも書きましたが、中国、韓国、朝鮮に関する私の活動がだんだんと知られるようになると、ネット上での中傷だけではなく、実際に事務所の近くで街宣活動が行われたり、最近は中傷ビラの配布が行われたりするようになりました。

しかし、一方で多くの方が私の活動を理解し支持してくださり、応援もしてくださっています。ある時、友人から、「こんちゃん、幸せだね。このネット上の映像見てみなよ」と見せられたのは、マイクを使って街頭で私を中傷する人に、抗議する車イスの人の映像でした。抗議の言葉を発するその人に、その相手の人物は、障がいのあることを差別するひどい言葉を投げつけました。心の痛む、私には言葉にすることのできないシーンでした。

今回、この本を書いたのは、多くの皆さんに、改めてこの間の活動で感じたことを報告し、アジアの国々と関わってきた日本の歴史と、これからどういう関係をつくっていくべきかについて考えていただきたいと思ったからです。

多くの誤解や知られていないことがあると思います。日本の政治は地盤、看板、カバンと言われ、報道も政局のことが多く、政策があまり語られないとも言われています。まして、安倍政権のもとで、特定秘密保護法が作られ、マスコミへの介入が行われ、国民にはさらに真実が知らされにくくなってきています。

２０１５年通常国会、安倍晋三首相は、憲法違反の安保関連法制を強引に推し進めました。憲法で縛られる総理大臣が憲法の解釈を勝手に変え、法案を通すなどあってはならないことです。改めて、日本国憲法を読むと、そこには、戦争への深い反省からの叫びが込められています。

「日本国民は、正当に選挙された国会における代表者を通じて行動し、われらとわれらの子孫のために、諸国民との協和による成果と、わが国全土にわたつて自由のもたらす恵沢を確保し、政府の行為によつて再び戦争の惨禍が起ることのないやうにすることを決意し、ここに主権が国民に存することを宣言し、この憲法を確定する」

「日本国民は、恒久の平和を念願し、人間相互の関係を支配する崇高な理想を深く自覚するのであつて、平和を愛する諸国民の公正と信義に信頼して、われらの安全と生存を保持しようと決意した。われらは、平和を維持し、専制と隷従、圧迫と偏狭を地上から永遠に除去しようと努めてゐる国際社会において、名誉ある地位を占めたいと思ふ。われらは、全世界の国民が、ひとしく恐怖と欠乏から免かれ、平和のうちに生存する権利を有することを確認する」

憲法全文の中で、政府という言葉が使われているのは、この前文の中にあるものが唯一です。政府とは権力の統治機構のことです。「国」とは「国土」「国民」「政府」によって構成されていますが、ここで、敢えて「政府」と限定して言及しているのは、先の戦争が、権力者によって遂行され、多くの日本人と他国の人びとに惨禍をもたらしたからです。そのために、二度と同じ過ちを繰り返さないために、憲法で権力者を縛ることを国民が決意し、宣言したのです。

日本は戦後70年平和を守ってきました。殺し殺されることなく来ました。今こそ、日本が国際社会を先導し、武力ではなく対話と外交力で平和な世界を作っていく時です。同じく憲法前文に書かれているように、政府ではなく、平和を愛する諸国民の公正と信義に信頼して、人びとの安全と生存を保持するために行動すべき時です。

戦後、日本は米軍を中心とした連合国軍によって占領され、1952年にはサンフランシスコ講和条約が発効し独立を回復しましたが、その後も米軍は撤退することなく日本に駐留し続けています。それは、日本が米国と旧日米安保条約を結び、日米行政協定（現在の日米地位協定）を交わしたからです。この取り決めは、日本国内のどんな場所でも、もし米軍が必要だと言えば、米軍基地に出来るという取り決めです。そして、基地の中では何でも出来るという「基地の排他的管理権」と、米軍関係者の出入国自由の特権「出入国管理法の適用除外」が認められています。また、米軍機は日本の航空法令で決められた最低安全高度(人口密集地以外)の150メートル以下を飛んでもおとがめを受けません。なぜなら、日米地位協定に関する特例法（1952年）で、米軍機と国連軍機に、航空法第6章の規定（43の条文）は、適用しないことになっているからです。

日本国憲法を押し付け憲法という人がいますが、それはその人にとって押し付けられたものということではないでしょうか。本文で詳しく述べたように日本国憲法は、明治の自由民権運動の中でつくられた憲法草案の精神を受け継ぎ、戦後、女性も初めて参加して行われた普通選挙によって選ばれた国会議員によって審議され成立し、多くの日本人は、その内容を支持し歓迎しました。それを押し付けられたと言うのなら、日本語の正文のないサンフランシスコ講和条約はどうするのでしょうか。

日本の米軍への思いやり予算は年約1900億円であり、防衛費は2016年度では5兆円を超えました。自民党の宇都宮徳馬衆議院議員がかつて看破されたように、日本にとっての最大の安全保障は中国との関係をどうしていくかなのだと思います。アジアの国々との相互理解を深めることなのだと思います。

そのために、日本がアジアの国々に何をしたのか、あの時代に日本国は日本国民に対して何をしたのかを、多くの皆さんと共有したいと書いたのです。

内容的には私が何故「小さくてもキラリと光る国」という題名が頭に浮かび、頭に残っていたかについて、その理由を自分自身にも説明し、論理的道筋を明らかにするといったプロセスになりました。引用が多く、読むのに苦労されたのではないかと反省をしています。

私は「小さくてもキラリと光る国」、つまり小日本主義というものが出てきた流れ、根拠、それが近代日本の歴史のなかでどのような役割を果たしてきたのかを、部分的な都合の良い引用ではなく、できればそれを書いた人と私が対話できるような固まりとして引用したかったのです。

それらの言葉をその時代状況に置いて、私自身が「そうか、そうだったのか」と学び直したり、新たな発見をしたりという旅にお付き合いいただいたことになります。

では、それらの引用で、皆さんにいちばん頭に残していただきたいことは何かと考えてみました。それは1945年（昭和20年）7月26日に出された「ポツダム宣言」の10項の後半部「日本国政府は、日本国国民の間に於ける民主主義的傾向の復活強化に対する一切の障礙を除去すべし。言論、宗教及思想の自由並に基本的人権の尊重は、確立せらるべし」です。

連合国三首脳は、軍国主義に押しつぶされる前の日本には「民主主義的傾向」の言論、思想、人権尊重の社会的・政治的勢力が存在したことをきちんと認識していたと考えられます。「復活強化」という言葉は、それ以前に「民主主義的傾向」が存在していなければ使えません。ポツダム宣言は、かつて存在していた民主主義的傾向の「日本を取り戻せ」、それに対する一切の妨害は許さない、と言っているわけです。それは安倍首相が再三叫ぶ「日本を取り戻す」ということと180度方向が違っていることはお分かりだと思います。ですから、小日本主義というのは、このポツダム宣言10項で言及されている日本ということです。

この論理は決して71年前のことで終わった話ではありません。『ワシントン・ポスト』は2016年3月5日の社説で「戦後日本成果の最も自慢すべきは経済の〝奇跡〟ではなく、独立したメディア（independent media）を含む自由な機構の設立であった。安倍氏の目標はこうしたメディアの自由等の犠牲のもとに行われるべきではない」と主張しています。

私は、今こそ、憲法の精神を具現化する時だと思います。

脱原発社会の実現もそうです。残念ながら万が一の事故は起きたのであり、一番問題なのは、事故によって放出された放射能によって遺伝子に傷がつけられることです。これを治すことは非常に困難です。住んでいた場所は汚染され、多くの人が長い期間にわたって故郷に戻ることも出来ません。使用済み核燃料の行き場がまだ決まっていないという根本的な理由もあります。これもまた、憲法が国民に保障した平和的生存権を侵すものです。

戦後71年が経ちました。また、あの東日本大震災とそれにともなう東電福島第一原発事故から5年が経ちました。日本は素晴らしい国です。しかし素晴らしい国であり続けるために、震災の教訓はもちろん、いま一度、あの戦争の総括をきちんとしなければならないのだと思います。安倍首相のめざす政治は憲法破壊に繋がります。立憲主義、民主主義、平和主義の否定です。しかし、そこから憲法の大切さを改めて痛感し、これを絶対に守らなければならないと、私を含め多くの人が行動を始めました。「戦争は嫌だ」とも言えなかった時代に戻ってはなりません。人は自らの意思で判断し、自らの意思で行動できなければなりません。人間は自由でなければなりません。

自由と民主主義を守るための「たたかい」に挑みます。

なお、この本の出版にあたり「立憲フォーラム」事務局の福田誠之郎さん、八月書館の尾下正大さんに大変お世話になりました。ありがとうございました。

２０１６年（平成28年）５月１日

近藤昭一

著者　近藤 昭一（こんどう　しょういち）
[著者略歴]
1958年 5月　愛知県生まれ
1977年 3月　愛知県立千種高等学校卒業
1981年 9月　中国・北京語言学院留学
1984年 3月　上智大学法学部法律学科卒業
1984年 4月　中日新聞社入社
1993年 1月　中日新聞社退社、政治活動に身を投じる
1994年 2月　新党さきがけ入党
1996年 9月　民主党結党に参加　同党愛知県連副代表に
1996年10月　第41回総選挙にて衆議院議員初当選
以来、連続当選。現在、7 期目在職。
2010年 9月～2011年 9月　環境副大臣

現在、衆議院総務委員、同沖縄及び北方問題に関する特別委員、民進党幹事長代理、立憲フォーラム代表、原発ゼロの会共同代表、リベラルの会代表世話人、東アジアの平和をつくる会代表、沖縄等米軍基地問題議員懇談会会長、日中友好議員連盟幹事長、公共事業チェック議員の会副会長、恒久平和のために真相究明法の成立を目指す議員連盟幹事長、党未来に向けて・戦後補償を考える議員連盟副会長、党アスベスト対策推進議員連盟会長、北方領土返還要求愛知実行委員会代表

アジアにこだわる　立憲主義にこだわる

2016年 5 月22日　第 1 版第 1 刷発行

著　者　近藤 昭一
発行所　株式会社八月書館
東京都文京区本郷 2 - 16 - 12　ストーク森山302
TEL 03 - 3815 - 0672　FAX 03 - 3815 - 0642
郵便振替 00170 - 2 - 34062
装　幀　ナームラ ミチヨ
印刷所　創栄図書印刷株式会社

ISBN978 - 4 - 938140 - 95 - 3
定価はカバーに表示してあります